6 漢字復習 五年生で習った漢字 (一)

★新しく使う、六年の教科書で復習する漢字です。

→ 正しい答えが書けたら、□に✔を付けましょう。

❶ ──線の言葉を、漢字を使って書きましょう。

- □ ① 花にひりょうをやる。（　　　）
- □ ② バスがていしゃする。（　　　）
- □ ③ さくらが満開になる。（　　　）
- □ ④ 家をかいちくする。（　　　）
- □ ⑤ ぼうさい訓練を行う。（　　　）
- □ ⑥ 人口をちょうさする。（　　　）
- □ ⑦ ドレスを着たしんぷ。（　　　）
- □ ⑧ 立ちいりきんし（　　　）
- □ ⑨ のら犬をほごする。（　　　）
- □ ⑩ 駅までおうふくする。（　　　）
- □ ⑪ からでつりをする。（　　　）
- □ ⑫ すいしつが悪化する。（　　　）
- □ ⑬ れきしを学ぶ。（　　　）

❷ ──線の言葉を、漢字を使って書きましょう。

- □ ① ぶかいに参加する。（　　　）
- □ ② 鉄道がふっきゅうする。（　　　）
- □ ③ げんいんをつきとめる。（　　　）
- □ ④ たきぎがもえる。（　　　）
- □ ⑤ この川がけんきょうだ。（　　　）
- □ ⑥ 大木を取りかこむ。（　　　）
- □ ⑦ 大きさをくらべる。（　　　）
- □ ⑧ びょういんを建てる。（　　　）
- □ ⑨ ねんみの強いソース。（　　　）
- □ ⑩ きんぞくを守る。（　　　）
- □ ⑪ そふに会いに行く。（　　　）
- □ ⑫ かめんをかぶる。（　　　）
- □ ⑬ 夕食があまる。（　　　）

——線の言葉を、漢字を使って書きましょう。

① □ かいてきな気候。（　　　）
② □ 両親にこうこうする。（　　　）
③ □ 友人とさいかいする。（　　　）
④ □ せいしつをあらためる。（　　　）
⑤ □ けんこうをそこなえる。（　　　）
⑥ □ ひじょうじの早起き。（　　　）
⑦ □ 道にまよう。（　　　）
⑧ □ けわしい山に登る。（　　　）
⑨ □ ひじょうじ事態（　　　）
⑩ □ えだぶりのよい木（　　　）
⑪ □ しょうたいじょう（　　　）
⑫ □ 空に目があらわれる。（　　　）
⑬ □ ゆめをかなえる。（　　　）
⑭ □ みんなでよろこぶ。（　　　）
⑮ □ 建物がそびえる。（　　　）
⑯ □ かれはしへんした。（　　　）

——線の言葉を、漢字を使って書きましょう。

① □ 友達に本をかす。
② □ しせいをととのう。
③ □ 通行をきょかする。
④ □ ひとにいとわれる。
⑤ □ におかえる。
⑥ □ 真実をたしかめる。
⑦ □ 参加がのうになる。
⑧ □ 係員をふやす。
⑨ □ おおぜいの人。
⑩ □ 電車がこんざつする。
⑪ □ 物事のじゅんじょ。
⑫ □ 体をきたえる。
⑬ □ 構内のりようをへらす。
⑭ □ 体重をへらす。
⑮ □ ほうっておくになる。
⑯ □ 部屋にねをはかう。

五年生で習った漢字 (2)

★新しく使う、六年の教科書で復習する漢字です。

➡ 正しい答えが書けたら、□に✓を付けましょう。

❶ ——線の言葉を、漢字を使って書きましょう。

- □ ① せいさんを納める。（　　）
- □ ② しっそな生活を送る。（　　）
- □ ③ 番組をせいさくする。（　　）
- □ ④ テントのせつえい。（　　）
- □ ⑤ しゅちょうが強い。（　　）
- □ ⑥ 意見をのべる。（　　）
- □ ⑦ 明日のじゅんびをする。（　　）
- □ ⑧ 外国とぼうえきする。（　　）
- □ ⑨ ゆにゅう品を買う。（　　）
- □ ⑩ せいじかと会う。（　　）
- □ ⑪ 提案にさんせいする。（　　）
- □ ⑫ 先生のしじにしたがう。（　　）
- □ ⑬ 鉄はきんぞくの一種だ。（　　）

❷ ——線の言葉を、漢字を使って書きましょう。

- □ ① 江戸時代のふうし。（　　）
- □ ② テレビのほうどう。（　　）
- □ ③ 会議のしりょうを読む。（　　）
- □ ④ 長さをはかる。（　　）
- □ ⑤ せいかいを答える。（　　）
- □ ⑥ りえきを上げる。（　　）
- □ ⑦ きっきんで負ける。（　　）
- □ ⑧ はんがを刷る。（　　）
- □ ⑨ こむぎこを買う。（　　）
- □ ⑩ 近所のひょうばん。（　　）
- □ ⑪ よくきく薬。（　　）
- □ ⑫ かかくが高い。（　　）
- □ ⑬ てごわいあいてだ。（　　）

→55のページに続くよ→

3 ——線の言葉を、漢字を使って書きましょう。

□① あじわう。 （　　　）

□② 家をせいけつに保つ。 （　　　）

□③ ゆうかんを配る。 （　　　）

□④ 百円きんかの店。 （　　　）

□⑤ じょうぶなぬの。 （　　　）

□⑥ 山のちょうじょう。 （　　　）

□⑦ ばくぜんと買う。 （　　　）

□⑧ せんもんてきなしごと。 （　　　）

□⑨ ぎもんをもつ。 （　　　）

□⑩ じょうしょうを書く。 （　　　）

□⑪ ほうふな品ぞろえ。 （　　　）

□⑫ にんげんらしい人。 （　　　）

□⑬ べんとうを作る。 （　　　）

□⑭ 米をちょぞう蔵する。 （　　　）

□⑮ けいえがだ。 （　　　）

□⑯ セーターをあむ。 （　　　）

4 ——線の言葉を、漢字を使って書きましょう。

□① しょうへんを果たす。 （　　　）

□② しゅうがくへ旅行 （　　　）

□③ 全員でだんけつする （　　　）

□④ 天下をとういつする （　　　）

□⑤ 読書のしゅうかん （　　　）

□⑥ 胸にひていをいだく。 （　　　）

□⑦ 卒業しょしょ （　　　）

□⑧ 赤組がゆうしょうする。 （　　　）

□⑨ 恩しと再会する。 （　　　）

□⑩ きほんを守る。 （　　　）

□⑪ 野球部にしょぞくする。 （　　　）

□⑫ そうりょくを結集する。 （　　　）

□⑬ けいけんを積む。 （　　　）

□⑭ しんかんせんに乗る。 （　　　）

□⑮ 算数のじゅぎょう （　　　）

□⑯ にっこうがさす。 （　　　）

4

◎帰り道／公共図書館を活用しよう

❶ 次の──線の漢字の読み仮名を書きましょう。　8点(1つ2)

（　　　　）　（　　　　）　（　　　　）　（　　　　）
① 砂ぼこり　② 捨てる　③ 地域　④ 訪問する

◎準備

❷ 次の詩を読んで、問題に答えましょう。

教 20ページ〜21ページ

準備　　高階杞一

待っているのではない
準備をしているのだ
飛び立っていくための

見ているのではない
測ろうとしているのだ
風の向きや速さを

初めての位置
初めての高さを
こどもたちよ
おそれてはいけない
この世のどんなものもみな
「初めて」から出発するのだから

落ちることにより
初めてほんとうの高さがわかる
うかぶことにより
初めて
雲の悲しみがわかる

(1) 何のための準備をしているのですか。　10点
（　　　　　　　　）
ため。

(2) 作者がよびかけている相手はだれですか。　7点
（　　　　　　　　）

(3) くり返されている言葉は何ですか。三字でぬき出しましょう。　8点

（　　|　　|　　）

(4) この詩にえがかれているものを次から一つ選んで、〇を付けましょう。　15点

ア（　）落ち着くようにとなだめる様子。

イ（　）早くしてほしいと、もどかしく思う様子。

ウ（　）共感して、はげまし応えんする様子。

（周也はどんな人だ物なのはかな。「ぼく」から見た）

帰り道

③ 次の文章を読んで、問題に答えましょう。 28ページ5行～29ページ9行

〈森絵都「帰り道」より〉

みぞおちのあたりにずきっとささるような痛みを感じて、ぼくは立ち止まった。「どっちも好き。」なんて、ぼくは一生言えないだろう。好きなものは好き、で止まってしまって、それ以上はうまく言葉にできない。好きということと好きじゃないことのあいだの、どんなことも思いつかない。

「どっちも好き。」なんて言う律は、ぼくより一年早く生まれただけなのに、ずいぶん大人に思えた。

足元から息が広がる。ぼくは足を取りなおすように、一歩、前へふみ出した。

周也と二人で歩道橋を上った。階段を上るたびに、ぼくの心が少しずつほどけていく。

大通りの自動車の音がだんだんと遠ざかり、ぼくはそのまますいすいと歩いていった。

律はいつまでも、ぼくより少し後ろを歩いていた。その辺りをみじんも気にしないみたいに。

ぼくは「はあ。」とため息をついた。

周也はいちだんと声をはりあげて……

（1）「たったいま……。」とありますが、周也が言葉を付けたしたのはなぜですか。次からえらんで、〇をつけましょう。 10点
ア（　）周也が自分の言葉をみやびに理解させるため。
イ（　）周也が自分の言葉がみやびに伝わっていないと思ったから。
ウ（　）周也がみやびの言葉を聞いて……。

（2）「階段を上るように、ぼくの心がほどけていく」とありますが、周也のどんな様子を表していますか。 15点

（3）「ぼくは『はあ。』とため息をついた。」とありますが、このときの「ぼく」の気持ちを説明した次の文の□にあてはまる言葉を文章中から見つけて書きましょう。 12点（一つ6）

□□□□□□ことができず、前に進んでいくことに対して生まれた□□□□□という自分の気持ち。

（4）「周也はいちだんと声をはりあげて……」とありますが、このときの「ぼく」は、どんな気持ちでしたか。 15点

❶ 次の――線の言葉の意味をそれぞれ選んで、○を付けましょう。

15点(1つ3)

① みんなのテンポについていけない。

ア（　）物事の考え方。

イ（　）物の音の大きさ。

ウ（　）物事の進み具合。

② 白けた空気が流れる。

ア（　）気まずいふん囲気。

イ（　）きん張した状態。

ウ（　）リラックスした様子。

③ あきらめの境地で天をあおぐ。

ア（　）喜んで、神に感謝をささげること。

イ（　）なげきのあまり、空を見上げること。

ウ（　）不安になって、だれかの助けを求めること。

④ ばつの悪さをかくす。

ア（　）腹が立っていること。

イ（　）うれしくてたまらないこと。

ウ（　）きまりが悪いこと。

⑤ 軽快な足音をきざむ。

ア（　）ひっそりと静かな様子。

イ（　）かろやかではやい様子。

ウ（　）重々しくゆっくりした様子。

「テンポ」は、音楽についてひょう現するときにも使いますよ。

❷ 次の（　）に当てはまる言葉を、後の▭▭から一つずつ選んで、記号を書きましょう。ただし、一度選んだものは二度選んではいけません。

18点(1つ3)

① （　）顔を見つめる。

② （　）にくらしく見えている。

③ （　）くつをはきかえる。

④ （　）母親の小言が頭をかすめる。

⑤ くつ下に（　）あなが空く。

⑥ 急に（　）落ち着きをなくす。

ア どんどん	イ そわそわ	ウ もたもた
エ ぽっかり	オ まじまじ	カ ふいに

会話は「キャッチボール」だといえるのです。

③ 次の文章を読んで、問題に答えましょう。
答え 34ページ
③③35ページ 5行

問題は、自分の律へのいらだちをどう考えているのかな。

〈森絵都「帰り道」より〉

[本文（縦書き）]

　ぼくはどんどん言葉をくり出す。足は止めない。口も止めない。でも、律は何も言い返してこない。

　ぼくの打った球を、律は受け止めてくれない。いい球を投げようとすればするほど、相手に気持ちがとどかない。

　キャッチボールのようにあいづちをうってくれないから、どんどん言葉を投げつづけるしかない。相手の返す言葉がなくても、ぼくは一人でしゃべりつづける。会話のキャッチボールがつづかないと、ぼくはボールを壁に投げつけているみたいな気分になる。

　「周也、道に落ちてる枝を頭から手放すみたいに、なんでもしゃべってしまうのね。」

　下校中に会った律の母親が、そんなことを言った。そのとき、ぼくは、むっとしてしまった。

　「ぼくがしゃべるスピードは、その音の速さについていくには、はやすぎるのかもしれない。」

　背中に聞こえてくる足音は、ぼくの音だ。

[設問]

(1) 「ぼく」がしゃべるスピードは、その音の速さについて、「ぼく」は、どのような言葉で表していますか。
16点
（　　　　　　　　）

(2) 母親の小言について、次の□に当てはまる言葉を、文章中からぬき出しましょう。
14点（1つ7）
・「ぼく」は、□□の音でしゃべる。
・周也は、□の会話でしゃべる。

(3) 母親は、周也の会話をどのように言いましたか。
10点
（　　　　　　　　）

(4) 周也は、自分の会話をどう思っていますか。その思いがわかる一文をさがし、初めの五字をぬき出しましょう。
12点
（　　　　　　　　）

(5) 「いい球」は、何を表していますか。○を付けましょう。
15点
ア（　）律をなぐさめるような言葉。
イ（　）母親への返事をしてくれる会話。
ウ（　）律が返事をしてくれる質問。

漢字の形と音・意味
季節の言葉1 春のいぶき
聞いて、考えを深めよう／漢字の広場①

時間15分　合格80点　／100
答え 84ページ
月　日
サクッとこたえあわせ

◎漢字の形と音・意味

❶ 次の──線の漢字の読み仮名を書きましょう。　24点(1つ2)

① 伝承　② 蒸気　③ 対処　④ 就職

⑤ 臨海　⑥ 従う　⑦ 恩人　⑧ 裁判官

⑨ 法律　⑩ 脳　⑪ 臓　⑫ 胃

◎漢字の広場①

❷ ──線の言葉を、漢字を使って書きましょう。　18点(1つ3)

① 畑をたがやしてひりょうをまく。

② 交通じこのけんしょうをする。

③ だんちににゅうきょする。

◎季節の言葉1 春のいぶき

❸ 次の文が表している言葉を、後の □ から一つずつ選んで、記号を書きましょう。

18点(1つ3)

①（　）こよみのうえで春が始まる日。
②（　）雪が雨となり積雪が解ける、早春の気配が感じられるころ。
③（　）冬眠していた虫が地中からはい出してくる、もうすぐ春本番になるころ。
④（　）春のひがんの中日。
⑤（　）すがすがしく明るい空気に満ちて、気候が温暖になるころ。
⑥（　）穀物をうるおす春の雨がふる、夏が近づいてくるころ。

ア 清明
イ 春分
ウ 穀雨
エ 啓蟄
オ 立春
カ 雨水

教科書 44～52ページ

同じ部分を持ち、同じ音（　　）を表す漢字です。漢字の意味の違いは、異なる部分に注目して考えましょう。

◎ 漢字の形と音・意味

④ 次の□に当てはまる漢字を、後の......から一つずつ選んで書きましょう。 (2)1点12

(1)
① 物を運ぶ漢字が生まれる。 □
② 桜の開□。
③ 体力の強□に努める。

［ 化　花　貨 ］

(2)
① 学校の規□を守る。 □
② 体重を□定する。
③ たての面に絵をかく。 □

［ 則　側　測 ］

---

⑤ 次の漢字の赤い部分が表す意味を、後の......から一つずつ選んで、その部分の名前を（　）に、意味を［　］に記号で書きましょう。 (2)1点16

① 持 （　　　）［　］
③ 利 （　　　）［　］
② 情 （　　　）［　］
④ 腸 （　　　）［　］

［ りっとう　てへん　にくづき　りっしんべん ］

ア 「体」に関係のあることを表す。
イ 「心」に関係のあることを表す。
ウ 手で取るなど、手の動きを表す。
エ 「物」に関係のあることを表す。

---

⑥ 聞いて、考えを深めるために大切なことはどれでしょう。次の（　）に当てはまる言葉を、後の......から一つずつ選んで記号を書きましょう。 (2)1点12

・話し合う前に、自分の考えを（①）にまとめておく。
・相手と自分の考えを（②）ながら聞く。
・（③）と思ったら、その場で質問する。
・相手の言いたいことが伝わるように、（④）を選んで話す。
・新たな気づきがあるか（⑤）。
・相手の考えに（⑥）したりする。

［
ア 言葉
イ 比べ
ウ 自分
エ 確かめ
オ 共感
カ なぜ
］

まとめ6ドリル →6

帰り道
漢字の形と音・意味
漢字の広場①

時間 20分　合格80点　/100

答え 84ページ

月　日

◎ 漢字の広場①

1 次の言葉を全て使って、それぞれ文を作りましょう。　30点(1つ10)

① 桜　句会

（　　　　　　　　　　　　　　　　　　）

② 原因　事故　検証

（　　　　　　　　　　　　　　　　　　）

③ 仏像　保護　文化財

（　　　　　　　　　　　　　　　　　　）

◎ 漢字の形と音・意味

2 読みに注意して、次の□に当てはまる漢字を、それぞれ書きましょう。　12点(1つ2)

(1) セイ
① 今日は快□だ。
② □潔なタオル。
③ 冷□な判断。

(2) キュウ
① 野□部に入る。
② □急車が来る。
③ 賃上げを要□する。

3 次の各組の漢字には、共通する部分があります。その部分の名前を（　）に書き、その部分が表す意味を下の□□□から一つずつ選んで、〔　〕に記号を書きましょう。　12点(1つ2)

① 家　室　安　宿　（　　　　　）〔　　〕

② 脳　臓　胃　肺　（　　　　　）〔　　〕

③ 後　徒　往　律　（　　　　　）〔　　〕

ア 「いく」「道」などに関係のあることを表す。

イ 「体」に関係のあることを表す。

ウ 「いえ」やおおいに関係のあることを表す。

教科書 25〜52ページ

↓55のページに続くよ！

11

4 ④ 直前の言葉や直後の部分に注目しよう。

4 次の文章を読んで、問題に答えましょう。

36 37ページ 9行

律は、雨もきらいではないらしい。

「律、晴れが好き? それとも雨?」

だしぬけにたずねてみたけど、律の返事はなかった。動かない。口も開かない。

なんだか、こわいくらいに。

「晴れ。」

ぼくは、晴れが好きだ。どっちかというと、晴れが好きだ。でも、雨もきらいじゃない。

律は、晴れと雨、両方好きなんだとか。

後から考えると、律はただ、ぼくに合わせただけだったのかもしれない。でも、あのときのぼくは、爆発的な笑いを爆発させた。

律のことも、雨のことも、晴れのことも、なにもかも、好きだと思った。

げらげら、律も雨がふってきた。どしゃぶりだった。ぼくらは全身でそれを浴びながら、ぼくは、暴れたい気分だったから。

どしゃぶりの雨が、ぼくらの体を、地面を、空を打った。

はしゃぎすぎて、はしゃぎすぎて、はしゃぎすぎて、ぼくらは大声を上げて笑った。

うわあっ、と律が悲鳴を上げたのは、そのすぐ後だった。

「うおっ。」

はじけて、無数の白い球が、空からいっせいに降ってきた。

最初のひとつぶが地面に落ちた。いくつもの点が一度にはじけて、無数の白い球が、空からいっせいに降ってくる。

天気雨だ。お日さまが照ってるのに、大つぶの雨——。

一瞬、頭の中が、白くなる。

〈森絵都「総つ」「帰り道」より〉

⑴「無数の白い球が、空からいっせいに降ってきた。」とありますが、「無数の白い球」とは何ですか。文章中から三字でぬき出しましょう。 7点

[　　　]

⑵「無数の白い球。」とありますが、これは何ですか。 7点
（　　　）が次々に地面に当たってはねる様子。

⑶「笑」について、当てはまらないものを次から一つ選んで、○を付けましょう。 7点
ア（　）水がはねて、おもしろかったから。
イ（　）しかられたあとで、ほっとしたから。
ウ（　）雨がふってきて、うれしかったから。

⑷「だから」とありますが、何に対しての「だから」ですか。 12点

（　　　）

⑸「雨、好きだけど。」とありますが、このおかえりは、どんな考えですか。考えて書きましょう。 10点

（　　　）

12

[練習] 笑うから楽しい

時間 15分　合格80点　/100　サクッとこたえあわせ　答え 85ページ　月　日

① 次の——線の漢字の読み仮名を書きましょう。　16点(1つ4)

（　　　）①　私たち
（　　　）②　密接
（　　　）③　呼ぶ
（　　　）④　呼吸

② 次の——線の言葉の意味をそれぞれ選んで、○を付けましょう。　15点(1つ5)

① 気候と農作物の収穫量には、密接な関わりがある。
　ア（　　）深いつながりがあること。
　イ（　　）ひみつをひそかに知らせること。
　ウ（　　）ぎゅうぎゅうにつまっていること。

② 生活環境は、性格を左右する大きな要素である。
　ア（　　）物事のありさま。
　イ（　　）物事の中の大切な点。
　ウ（　　）物事を成り立たせるもの。

③ 春の風をここちよく感じる。
　ア（　　）たよりなく。
　イ（　　）気持ちよく。
　ウ（　　）気がねなく。

「密接」は「密に」「接する」と考えると分かりやすいよ。

③ 次の（　）に当てはまる言葉を後の□□から一つずつ選んで、記号を書きましょう。
　15点(1つ5)

① 事件を（　　　）。
② 体と心が（　　　）。
③ 記憶を（　　　）。

　ア　関わり合う
　イ　引き起こす
　ウ　呼び起こす

「引き起こす」は、「新しい状態などを生じさせる」「呼び起こす」は、「思い出させる」という意味だよ。

↓535ページにも進くよ！

教科書 53～55ページ

④ 次の文章を読んで、問題に答えましょう。
教54ページ6行～55ページ9行

私たちの脳は、きん肉の動きに合わせて「今、自分は楽しいんだ」と判断します。つまり、「楽しいから笑う」のではなく、「笑うから楽しい」のです。

実験の参加者は、笑っているときの顔のきん肉の動きと似ているため、自然に参加者の脳は、愉快な気持ちを引き起こします。

表情によって脳内の血液温度が変化し、私たちの心の動きを起こします。楽しい笑顔になると、口を横に開いて歯が見え、鼻から多くの空気を吸うことになります。

温度が変わると、表情によって脳内の血液温度が変化し、私たちの心の動きが変わるのです。鼻から吸う空気で、脳内の血液を冷やすと、楽しい気持ちが広がるのです。

〈中村 真「表情から楽しさへ」〉

筆者は事例と考えを区別しながら説明しているよ。自分も事例と考えを区別しながら読もうね。

(1) 「きん肉の動き」の具体例として、文章中から六字でぬき出して書きましょう。 12点

(2) 「口を横に開いて、歯が見える」ような表情になりますが、これは三字で何という表情ですか。文章中からぬき出して書きましょう。 12点

(3) ――線「愉快な気持ち」と同じような気持ちを、同じ段落の別のことばで答えましょう。また、どのような気持ちですか。 12点

(4) 「表情によって脳内の血液温度が変化し」とありますが、私たちの心の動きが変化するとき、次の文のならべかえになるように、（　）に番号を書きましょう。 （15点）（完答）

・（　）脳内の血液を冷やす
・（　）鼻から多くの空気を取り込む
・（　）楽しい気持ちが広がる
・（　）多くの空気を取り込む

◎主張と事例

1 「事例」について説明した、次の文の（　）に当てはまる言葉を後の□から一つずつ選んで、記号を書きましょう。 18点(1つ3)

事例には、（①　）や（②　）によって分かったことや、実際の（③　）や（④　）にもとづいたことなどがある。話したり書いたりするときには、（⑤　）にとって分かりやすい事例を挙げる。また、「主張と事例」の関係をふまえて、話や文章を（⑥　）することも大切である。

ア 経験	イ 相手	ウ 実験	エ 構成	オ 現状	カ 調査

◎時計の時間と心の時間

2 次の──線の漢字の読み仮名を書きましょう。 14点(1つ2)

（　　）　　　（　　）　　　（　　）　　　（　　）
① 存在　　② 時刻　　③ 刺激　　④ 簡単

（　　）　　　（　　）　　　（　　）
⑤ 机をたたく。　⑥ 難しい　⑦ 疑問

3 次の言葉の意味を下の□から一つずつ選んで、記号を書きましょう。 12点(1つ3)

① （　）経過
② （　）環境
③ （　）刺激
④ （　）傾向

ア 生物を取り囲む周りの世界。
イ 物事の様子や人の考えなどが、ある方向にかたよること。
ウ 時間や年月が過ぎること。
エ 体にはたらきかけて、感覚に反応を起こさせること。

4 次の文の（　）に当てはまる言葉を後の□から一つずつ選んで、記号を書きましょう。 9点(1つ3)

① この記録を破るのは難しい。（　　）、ぼくはあきらめない。
② 朝早く家を出た。（　　）、雨が降ってきた。
③ 七月から九月まで、図書館の改修工事をします。（　　）、夏休みの間、図書館は使えないということです。

ア すると	イ つまり	ウ しかし

教56ページ9行〜58ページ5行

5 次の文章を読んで、問題に答えましょう。

　みなさんは、「時間」と聞くと、何を思いうかべますか。きっと、時計が表す「時間」のことを思いうかべることでしょう。私たちは、ふだん、時計が表す時間に合わせて生活しています。このような、時計が表す時間を、「時計の時間」と呼ぶことにします。「時計の時間」は、いつ、どこで、だれが計っても同じように進みます。それは、「時計の時間」が、地球の動きをもとに定められたものだからです。

　しかし、私たちが感じている時間は、それとはちがうものです。たとえば、あなたが遊びに夢中になっているときは、時間があっというまに過ぎるように感じるでしょう。それに対して、たいくつなときには、時間がなかなかたたないように感じるでしょう。これは、あなたが感じている時間、つまり、「心の時間」の進み方が変わったことを表しているのです。私たちが体感している時間を、「心の時間」と呼ぶことにします。「心の時間」には、さまざまな特性があります。そして、その特性は、人によってちがったり、身の回りの環境によって変わったりします。

　例えば、あることに集中しているときは、時間を気にする回数が減り、それだけ時間が短く感じられます。逆に、たいくつなときには、時間を気にする回数が増え、その結果、時間を長く感じるようになります。

〈一川 誠「時間の……」より〉

---

(1) 次の①〜⑤のうち、「時計の時間」を説明しているものには「ア」、「心の時間」を説明しているものには「イ」を書きましょう。 25点(1つ5)

① (　　) きまった速さで進む。

② (　　) 地球の動きをもとに定められる。

③ (　　) 私たちが体で感じている時間。

④ (　　) 人によって計感じ方が同じである。

⑤ (　　) 進み方が変わる。

(2) ――「楽し……あっというまに過ぎて」とありますが、「楽し」いときに、時間がどう感じられるのかを、文章中から十四字でぬき出しましょう。 12点

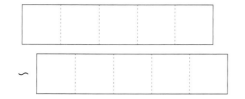

2 ――「たいくつなとき」は時間がどう感じられますか。その理由をふくめて、「……から。」に続くように、初めと終わりの五字を文章中からぬき出しましょう。 10点(完答)

〔　　　　　　　〕から。

16

⑦文の組み立て／たのしみは／天地の文

◎文の組み立て／たのしみは／天地の文

❶ 次の──線の漢字の読み仮名を書きましょう。　24点(1つ2)

① 券売機（　　　　　）　② 故障（　　　　　）　③ 立派（　　　　　）　④ 警察署（　　　　　）

⑤ 銭湯（　　　　　）　⑥ 勤める（　　　　　）　⑦ 収納（　　　　　）　⑧ 染める（　　　　　）

⑨ 暮らし（　　　　　）　⑩ 探す（　　　　　）　⑪ 星座（　　　　　）　⑫ 幼い（　　　　　）

◎文の組み立て

❷ 次の文の二つの主語と述語の関係が同じものを選んで、○を付けましょう。

16点(1つ8)

① 鳥が空を飛び、馬は草原を走る。

ア（　　）君が主張した意見が、みんなの考えを変えた。

イ（　　）A君は反対意見を主張し、B君は賛成意見を述べた。

ウ（　　）いろいろな意見を取り入れることも、大切なことだ。

② ぼくが大切にしていた本が、どこにもない。

ア（　　）ぼくは、毎週一冊は、本を読むようにしている。

イ（　　）姉は推理小説が好きで、ぼくはぼうけん小説が好きだ。

ウ（　　）姉が書いた小説は、とてもおもしろかった。

❸ 次の──線の語を修飾する言葉をぬき出しましょう。また、──線の語の述語をぬき出しましょう。

16点(1つ4)

① 母が買ってきた服はコートだ。

修飾する言葉（　　　　　　　　　　　　）　述語（　　　　　　　　）

② 私が手をはなした風船が空を飛ぶ。

修飾する言葉（　　　　　　　　　　　　）　述語（　　　　　　　　）

天地の文

📖 教72ページ1～3行

⑤ 調子よく読めるように、「日輪……」に、七音か五音の句切りをつけましょう。（四切る）　（4点）

「　　　　　　　　」で始まり、「　　」で結ぶ短歌にした。

江戸時代の歌人の橘曙覧は、日常の暮らしの中からその（　　　　）を見いだすことを、（一つ4点）12点

〔右の「天地の文」より〕

天地（てんち）日月（じつげつ）。　七
東西（とうざい）南北（なんぼく）。　八
きたをうけて、次第に南に向かひ、（八）
だんだんに右に向かひて、（七）
右と左を指す。（五）
朝に東より出でて、（七）
次第に南に向かひ、（五）
だんだんに左に指す。（七）
日輪は東より出でて西に没し、（五）
月は東より出でて、（七）
夜は暗し。（七）

〔補充〕〈「天地の文」福澤諭吉（ふくざわゆきち）より〉

（訳）10点

---

❹ ◎たのしみ

次の短歌と文章を読んで、問題に答えましょう。

📖 教69ページ4～10行

橘曙覧（たちばなあけみ）が作った短歌

A たのしみは妻子（めこ）むつまじくうちつどひ頭（かしら）ならべて物（もの）をくふ時

B たのしみは朝おきいでて昨日（きのふ）まで無（な）かりし花の咲（さ）ける見る時

〈「たのしみは……」〉

A たのしみは、私が妻や子どもたちと頭を並べて物を食べる時。仲よく集まり、私が楽しみにしているのは、妻や子どもたちと何かをしている時。

B たのしみは、昨日まで庭に無かりし花が咲いて、朝起きしてそのようすを見る時。私が楽しみにしているのは、昨日まで無かった花が咲いているのを見る時。

(1) 「妻子（めこ）やうちつどひ」とは、妻や子どもたちが仲よく集まり「　　　」という意味に当たります。「　　　」に当てはまる部分を、短歌の中から二字でぬき出しましょう。　6点

(2) A・Bの短歌の、第三句と第四句をぬき出しましょう。（一つ4点）16点

第二句　A（　　　　　）
第四句　（　　　　　）
第二句　B（　　　　　）
第四句　（　　　　　）

18

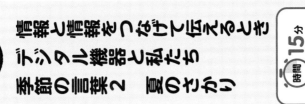

きほんの
ドリル
10
情報と情報をつなげて伝えるとき
デジタル機器と私たち
季節の言葉2　夏のさかり

時間15分　合格80点　/100　サクッとこたえあわせ　答え 86ページ　月　日

◎情報と情報をつなげて伝えるとき

1 次の文章を読んで、問題に答えましょう。

教75ページ上9行～上15行

日本だけでなく、イギリスでもなるべく近い地域で作られた食料を消費しようという「フードマイレージ運動」がある。一九九〇年代に始まったこの運動では、食料の重さと、その食料を運ぶきょりをかけ合わせた指標である「フードマイレージ」が唱えられた。フードマイレージを意識し、食料を運ぶ際に環境にかかる負担を減らすことが、この運動のねらいだ。

〈「情報と情報をつなげて伝えるとき」より〉

「地産地消」のねらい
・食料を運ぶ際に出る二酸化炭素の量を減らす
・生産者が、ぶぞろいな野菜などのよさを伝えて売れるようにする
・しんせんな食料を顔の見える生産者から安心して買えるようにする

(1) 文章と「地産地消」のねらいの全てに共通している点は何ですか。次の（　）に当てはまる言葉を上の文章中からぬき出しましょう。

16点(1つ8)

（　　　　　　　　　　　）を運ぶ時の

（　　　　　　　　　　　）を減らすこと

で達成できる点。

(2) 地産地消について報告する文章を書くとき、地産地消を説明する次の一文を入れます。□に当てはまる言葉を二字で書きましょう。　10点

地産地消□□、地域で生産された農産物や水産物を、その地域で消費することである。

◎季節の言葉2　夏のさかり

2 次の（　）に当てはまる言葉を後の□□から一つずつ選んで、記号を書きましょう。

15点(1つ3)

日本のこよみでは、立夏から立秋の前日までを「（①　　　）」といいます。立夏は（②　　　）ごろのことです。夏の節気には、順に、立夏、（③　　　）、芒種、（④　　　）、小暑、（⑤　　　）の六つがあります。

| ア 夏 | イ 秋 | ウ 五月六日 | エ 小満 | オ 夏至 | カ 大暑 |

↓うらのページに続くよ！

⑤ 提案する文章について、次の内容にはどんな言葉が入りますか。後の□□□から選んで、記号を書きましょう。

25点(1つ5)

① 具体的な提案内容 （　）
② 調べて分かったこと （　）
③ 提案が実現したときの効果 （　）
④ 読む人への呼びかけ （　）
⑤ 解決したい課題 （　）

ア 初め
イ 中
ウ 終わり

---

④ 提案する文章の説明にあたる言葉を、次のような場合分けにあてはめると、後の□□□からどのような言葉がいいですか。それぞれ後の□□□から一つずつ選んで、記号を書きましょう。

18点(1つ3)

① 課題やきっかけ、提案内容の原因を説明する。 （　）・（　）
② 提案内容の効果を具体的に説明する。 （　）・（　）
③ 提案内容を具体的に説明する。 （　）・（　）

ア ────
イ 例えば、────
ウ ────きっかけは、────となった。
エ ────起きている。それは────。
オ ────と聞いている。
カ 実際に────について────。

---

③ 提案する文章を書く場合に、どのような流れで進めていくとよいでしょうか。次の□□□から一つずつ選んで、記号を書きましょう。

16点(1つ4)

① 情報を集めて提案する文章の（　）を考える。
② 提案する文章の（　）を考える。
③ 提案する文章の（　）を考える。
④ 読み合って提案する文章の（　）を伝える。

ア 提案内容
イ 構成
ウ 感想
エ 書く

◎⑤ デジタル機器と私たち

◎文の組み立て

1 次の——線の語の主語をぬき出しましょう。　15点(一つ5)

① ぼくが見た本は図書館で弟が借りた。　（　　　　　）

② 赤い花がさいている庭はとても広い。　（　　　　　）

③ 毎週、兄はプールで泳ぎ、姉はテニスをしている。　（　　　　　）

2 同じ内容になるように、次の文を二つの文に分けて書き直しましょう。　20点(一つ10)

① 今朝父が読んだ新聞を私がかたづけた。

（　　　　　　　　　　　　　　　　　　　　　　　　）

② おさないころ私が好きだったのはプリンだと母が父に話す。

（　　　　　　　　　　　　　　　　　　　　　　　　）

◎[練習] 笑うから楽しい

3 次の文章を読んで、問題に答えましょう。　20点(一つ10)

📖55ページ10行～14行

　私たちの体と心は、それぞれ別々のものではなく、深く関わり合っています。楽しいという心の動きが、えがおという体の動きに表れるのと同様に、体の動きも心の動きに働きかけるのです。何かやなことがあったときは、このことを思い出して、鏡の前でにっこりえがおを作ってみるのもよいかもしれません。

〈中村真「笑うから楽しい」より〉

(1) 「このこと」の表す内容を書きましょう。

（　　　　　　　　　　　　　　　　　　　　　　　　）

(2) 「鏡の前で……よいかもしれません」と筆者が言うのはなぜですか。

（　　　　　　　　　　　　　　　　　　　　　　　　）

◎ 時計の時間と心の時間

4 次の文章を読んで、問題に答えましょう。

教科書 60ページ3行～61ページ3行

〈一川誠「時計の時間と心の時間」より〉

　で続けたり、複数で正確に「時間」の感覚をいだいたりすることは、だれにとっても、とても難しいことがわかっています。「時計」は、そうした「心の時間」をもつ私たちが社会に関わり合いながら生活していくうえで、なくてはならないものです。それは、社会を成り立たせる、私たちにとって不可欠な時計なのです。

　それに対して、「心の時間」には、さまざまなことがらのえいきょうを受けて進み方が変わったり、人によって感覚がちがったりする特性があります。それぞれが身をもって感じている「心の時間」は、それぞれちがっています。私たちの感覚が、同じものを見ても人によって異なるように、「心の時間」の進み方も、人によって異なるのです。

　それだけではなく、私たちは、同じ人でも、そのときの心の状態や身の回りの環境などによって、時間の感覚が異なってくることも経験しています。例えば、簡単な実験を行ってみましょう。みなさんは、研究を行うために、それぞれのペースで作業や会話、活動などを進めていくことになります。速いペースで進む人もいれば、ゆっくりしたペースで進む人もいます。このとき、「時間」の感覚やテンポ、リズムなどが人によって異なるので、自分なりのペースでくり返していくことになります。

　こうした「ゆっくり時間」は、身の回りの活動を指し示す机にもとづいて進んでいくわけではありません。次から、あてはまるものを一つ選び、それぞれ○を付けましょう。

---

(1) ――「『ゆっくり時間』は、……という特性があります。『ゆっくり時間』は『時間の『時間』です。」とありますが、それと同じ内容を述べている一文をさがし、その初めの五字をぬき出しましょう。

　　▢▢▢▢▢

(2) ――「不可欠」の意味を次から一つ選んで、○を付けましょう。　16点(一つ8)
ア（　）なくてはならない。
イ（　）足りない。
ウ（　）理解できない。
エ（　）正確ではない。

(3) ――「正確にはわからない……難しい」ですが、次からあてはまるものを一つ選んで、○を付けましょう。　20点(一つ10)
ア（　）「ゆっくり時間」は、身体の状態や環境などに回り合わせて進んでいくから。
イ（　）みんなが同じように進んでいくので、身の回りの活動を指し示す机にもとづかないから。
ウ（　）みんなが自分の活動したペースを、自分なりのペースでくり返しているから。
エ（　）関わっている間は、自分のペースで歩みを進めていくから。

私と本 / 星空を届けたい

時間15分　合格80点　／100　答え87ページ　月　日

◎私と本／星空を届けたい

1 次の──線の漢字の読み仮名を書きましょう。　24点(一つ2)

① 装置（　　　）　② 届ける（　　　）　③ 沿う（　　　）　④ 三冊（　　　）

⑤ 宇宙（　　　）　⑥ 俳句（　　　）　⑦ 字幕（　　　）　⑧ 毎晩（　　　）

⑨ 模型（　　　）　⑩ 窓口（　　　）　⑪ 延ばす（　　　）　⑫ 議論（　　　）

◎私と本

2 読書に親しむためにすることをまとめました。次の（　）に当てはまる言葉を、後の□から一つずつ選んで、記号を書きましょう。　16点(一つ4)

・本を読んで知ったことを、自分の（①　　　）にいかす。

・本に書かれていたことを、（②　　　）などでさらに調べる。

・同じ（③　　　）の本を（④　　　）読み、自分の考えを深める。

ア 複数	イ テーマ	ウ 生活	エ インターネット

◎星空を届けたい

3 次の──線の言葉の意味をそれぞれ選んで、〇を付けましょう。　18点(一つ6)

① 音楽をかなでる。
- ア（　）調整する。
- イ（　）演奏する。
- ウ（　）想像する。

② 老若男女が集まる。
- ア（　）お年寄りの男女。
- イ（　）若い男女。
- ウ（　）あらゆる人々。

③ 試行錯誤を重ねる。
- ア（　）挑戦と失敗をくり返しながら、解決策をさがすこと。
- イ（　）小さな失敗を気にせず、次々と成功体験を積むこと。
- ウ（　）一つのことに心を集中させ、ひたすら同じことをすること。

次の文章に合うように書きましょう。

📖 教科書　90ページ3行～96ページ13行

4 次の文章を読んで、問題に答えましょう。

〈高橋昌子「星空を届けて」〉

視覚障害者が使う「点字」は、六個の点の組み合わせで「字」を表します。点字が表す内容は、私たちの家にあるふつうの文字と同じです。点字がついているものがあります。洗濯機や食器などに、点字を使って目が見えない人の多くは、生まれたときから目が見えなかった人たちです。

そんな人たちにとって、星や宇宙のことを想像するのは、目が見える人より難しいことだと感じています。星空を見たことがない人たちは、音を耳で聞いたり、手で物にさわったりして、目以外の情報から物を知ることがあります。それは、目が見える人にとっても、耳や手からの情報は重要です。それは自分の身の回りにあるものを知ることができるからです。でも、星や空からは、何の情報も得られないのです。

「星が見えないって、どういうこと？」

と、星を見たことがない人に言われたとき、目が見える私は、別の友達の体験を思い出しました。「今までも、目の見えない人と会う機会がありました」と、市瀬さんは言います。市瀬さんは、目が見えない男性を連れて星が見える場所へ行き、星空を見せたことがあります。

「星が見えてきた」と言いながら、初めて星を見たとき、その人は「今、生まれて初めて、星を見た」と言いました。

時間 20分　合格80点　/100　答え 87ページ　月　日
サクッとこたえあわせ

◎私と本／星空を届けたい

1 次の□に合う漢字を書きましょう。　24点(1つ4)

① 発電 [そうち]。

② テーマに [そう]。

③ [はいく] をよむ。

④ [じまく] を見る。

⑤ [もけい] を作る。

⑥ [きろん] をする。

◎私と本

2 次のブックトークを読んで、問題に答えましょう。

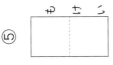
教88ページ上5行〜上15行

1　ぼくは、「共生社会」というテーマで三冊の本をしょうかいします。だれもが暮らしやすい社会のために、さまざまな取り組みをしている人の本です。

2　一冊目は、「星空を届けたい」です。プラネタリウムは、特別な施設で星空を見て楽しむものだと思っている人が多いのではないでしょうか。でも、この本を書いた高橋真理子さんは、それを、目が見えない人や病院にいる子どもたちに届けました。——
　　　　　　……

3　これらのような、新たな視点をあたえてくれる本は、ぼくにとって、とても大切なものです。気になる本があったら、ぜひ、手に取って開いてみてください。
〈「私と本」より〉

(1) 1〜3段落に述べられている内容を、後の□から一つずつ選んで、記号を書きましょう。　21点(1つ7)
・1段落（　　）
・2段落（　　）
・3段落（　　）

ア　まとめ
イ　テーマ
ウ　本のみりょく

(2) 本との関わりが述べられた一文をぬき出しましょう。　10点

3 次の文章を読んで、問題に答えましょう。

◎星空を届けたい

教 91ページ16行〜93ページ7行

　宇宙を肉眼で見るとき、私は目が見えない仲間たちの中で、宇宙は目で見えるものは多くて、肉眼でも遠くにある星だって数えきれないほど見えますが、宇宙活動する中で、目が見えない人もいるということに気づきました。宇宙は肉眼で見えるものもあるけれど、目が見えない人には見えないということを考えると、宇宙は「見える世界」と言えるのでしょうか。

　星や宇宙などは、目が見えない人でも、宇宙の音が聞こえたり、触ったりすることで感じることができます。目が見えない人にとっては、視覚以外の感覚が敏感になっているため、周りの音がよく聞こえたり、においに敏感になったりします。触覚や嗅覚、聴覚といった、視覚以外の感覚を使って、星や宇宙などを感じることができるのです。

　同じ目が見えない人でも見え方はちがいますし、目が見えている人でも見え方はちがいます。目が見えている人も、目が見えない人も、同じように楽しめるものです。目が見える人にとっては、文字の上にある厚みのあるサインペンで作ったユニバーサル絵本は、点字も絵も文字も一緒に楽しめるものです。

　「ユニバーサルデザイン絵本」を作ったことについて調べてみると、点字も絵も文字も一緒になっていることが分かりました。

〈高橋真理子「宇宙を描く」より〉

⑴ 「宇宙は『見える世界』なのでしょうか。」とありますが、これについて当てはまる言葉を次のア〜ウから選んで、〇を付けましょう。　15点

ア（　）ほとんどの星は肉眼で見えるから。

イ（　）ほとんどの星が人には見えないから。

ウ（　）人間で暗い空間は見えないから、宇宙の星のうち、見えているのは一部で、全ての星が見えるわけではないから。

⑵ 「星や宇宙などは、触覚といった、視覚以外の感覚や聴覚や嗅覚といった、視覚以外の感覚を使える」とありますが、文章中の言葉を使って書きましょう。　15点

⑶ 「ユニバーサルデザイン絵本」とありますが、どのような絵本ですか。文章中の言葉を使って書きましょう。　15点

夏休みのホームテスト

14

四月から七月に習った
漢字と言葉

時間 20分　合格80点　／100

答え 87ページ

サクッとこたえあわせ

月　日

①

次の——線の漢字の読み仮名を書きましょう。

25点(1つ1)

① 視点（　　　　　）
② 砂ぼこり（　　　　　）
③ 認める（　　　　　）
④ 単純（　　　　　）
⑤ 舌を出す。（　　　　　）

⑥ 我々（　　　　　）
⑦ 伝承（　　　　　）
⑧ 蒸気（　　　　　）
⑨ 就職（　　　　　）
⑩ 胃腸（　　　　　）

⑪ 時刻（　　　　　）
⑫ 刺激（　　　　　）
⑬ 簡単（　　　　　）
⑭ 難しい（　　　　　）
⑮ 券売機（　　　　　）

⑯ 立派（　　　　　）
⑰ 染める（　　　　　）
⑱ 星座（　　　　　）
⑲ 消防庁（　　　　　）
⑳ 装置（　　　　　）

㉑ 届ける（　　　　　）
㉒ 毎晩（　　　　　）
㉓ 模型（　　　　　）
㉔ 延ばす（　　　　　）
㉕ 議論（　　　　　）

②

次の□に合う漢字を書きましょう。

30点(1つ2)

① はら が減る。
② かいだん を上る。
③ ちいき の活動。

④ ほうもん する。
⑤ しんぞう が動く。
⑥ わたし の名前。

⑦ みっせつ な関係。
⑧ いちゅう をする。
⑨ ぞんざい を示す。

⑩ ぎもん に思う。
⑪ 車が いしょう する。
⑫ 情報の ていきょう 。

⑬ 独立 せんげん 。
⑭ 人権の そんちょう 。
⑮ うちゅう に行く。

5 同じ内容になるように、次の文を──の言葉を使って書き直しましょう。 18点(1つ6)

① 兄がわたしの部屋にあるわたしの持っているパソコンを借りていきました。

（ ）

② わたしは買ってきた本を父に誕生日にあげました。

（ ）

③ ぼくは友達と近所に昔からある神社にお参りをした。

（ ）

4 次の──線の語の述語をぬき出しましょう。 15点(1つ3)

① 昨日わたしは母が作ってくれたケーキを食べた。

（ ）

② 太陽の光がわたしたちに注いで、あたたかな風がふく。

（ ）

③ 大きなクラゲがいるので泳いで海へ行くことをためらった。

（ ）

④ 店員が強風で飛ばされた本のポスターを張り直した。

（ ）

⑤ 夏が来て、気温が毎日上がり続ける。

（ ）

3 次の各組の漢字には、共通する部分があります。その部分の名前を後の □ から一つずつ選んで（ ）に記号を書きましょう。また、その部分の意味を表す後の □ から一つずつ選んで〔 〕に記号を書きましょう。 12点(1つ2)

① 情・快・慣 （ ）〔 〕
② 宮・宙・性 （ ）〔 〕
③ 徒・宿・待 （ ）〔 〕

ア	ぎょうにんべん
イ	にくづき
ウ	うかんむり
エ	りっしんべん

あ 人の「家」に関係のあることを表す。
い 体に関係のあることを表す。
う 人の「足」の働きや、進むことなどに関係のあることを表す。
え 人の心や、精神に関係のあることを表す。

せんねん まんねん 名づけられた葉

時間15分　合格80点　／100　答え 88ページ　月　日

◎せんねん まんねん

1 次の詩を読んで、問題に答えましょう。

教98ページ〜99ページ

せんねん まんねん　　　　まど・みちお

いつかのっぽのヤシの木になるために
そのヤシのみが地べたに落ちる
その地ひびきでミミズがとびだす
そのミミズをヘビがのむ
そのヘビをワニがのむ
そのワニを川がのむ
その川の岸ののっぽのヤシの木の中を
昇っていくのは
今まで土の中でうたっていた清水
その清水は昇って昇って昇りつめて
ヤシのみの中で眠る

その眠りが夢でいっぱいになると
いつかのっぽのヤシの木になるために
そのヤシのみが地べたに落ちる
その地ひびきでミミズがとびだす
そのミミズをヘビがのむ
そのヘビをワニがのむ
そのワニを川がのむ
その川の岸に
まだ人がやって来なかったころの
はるなつあきふゆ はるなつあきふゆの
ながいみじかい せんねんまんねん

(1) 両方の連でくり返されている部分を探し、初めと終わりの五字をそれぞれぬき出しましょう。　13点(完答)

〔　　　　　　　　　〕〜〔　　　　　　　　　〕

(2) 詩の中に、体言止め(文などの末尾が名詞などの体言で終わること)になっているところがあります。二つ探し、その行の終わりの四字をそれぞれぬき出しましょう。　22点(一つ11)

・〔　　　　　　　　　〕

・〔　　　　　　　　　〕

(3) この詩についての説明として最もふさわしいものを次から一つ選んで、〇を付けましょう。　15点

ア( )自然の厳しさやおそろしさを、ドラマチックによんでいる。

イ( )生命がくり返されてきたことに対する感動を、リズムよくよんでいる。

ウ( )人間が小さくてはかない存在であることを、たんたんとよんでいる。

→うらの ページに 続くよ！

◎ 次の詩を読んで、問題に答えましょう。

2 名づけられた葉

（100点・100ページ）

　ポプラの木には
　何万何千の
　緑の葉
　ひとつひとつの
　てのひらに
　陽の光りをすくって
　そよいでいる

〈ポプラの葉〉

　どれもこれも
　おなじように
　ひらひらさせて
　いっしんに
　ゆすぶっているけど
　わたしは
　わたしだけの名で
　よばれる朝が
　不安げにあいまいに
　あいまいさの
　ひとつの花にすぎないように
　あらずもがなの
　一つの葉である

　わたしは
　わたしだけの
　歴史の幹から分かれた小枝に
　血のみどりを燃やし

　誰にも
　まねのできない
　散り方を
　考えなければならない

　名づけられた葉なのだから
　考えなければならない
　誰かにとってかけがえのない
　一つの葉である
　ために

新川和江

⑴ 〈ポプラの葉〉について、「載せられている」ものはどれですか。次の中から一つ選んで、正しいものに○を付けましょう。
（15点）

ア（　）同じ名前で、それぞれの区別も付けられない葉。

イ（　）一枚一枚名前が付いていて、全く同じ葉はない。

ウ（　）ポプラの木全体で、何万何千枚も全く同じ葉。

⑵ 「わたし」という言葉を使って説明しましょう。「人間」、「一つ」、「名づけられた」という言葉を使っていますか。
（20点）

（　　　　　　　　　　）

⑶ 説明が合うように、次の文章中から、すべてひらがなで五字の言葉をぬき出しましょう。
（15点）

・わたしは、わたしだけの名で

だから

きほんのドリル 16

いちばん大事なものは
インターネットでニュースを読もう
文章を推敲しよう／漢字の広場②

時間 15分　合格80点　/100　答え 88ページ　月　日
サクッとこたえあわせ

◎インターネットでニュースを読もう／文章を推敲しよう

1 次の——線の漢字の読み仮名を書きましょう。　8点(一つ2)

（　　　　） （　　　　） （　　　　） （　　　　）
① 閲覧　② 値上げ　③ 貴重　④ 対策

◎いちばん大事なものは

2 考えを友達と伝え合い、広げていく手順をまとめました。次の（　）に当てはまる言葉を、下の□から一つずつ選んで、記号を書きましょう。　25点(一つ5)

1　（①　）を、ノートに書く。

2　友達と考えを（②　）。たがいの考えがよく分かるように、（③　）が、これまでの（④　）などをたずね合う。

3　（②）ことを通して、（⑤　）した考えを、ノートにまとめる。

ア 伝え合う	イ 経験	
ウ 変わったり深まったり		
エ 自分の考え	オ 理由	

◎インターネットでニュースを読もう

3 次の文が表しているものを、後の□から一つずつ選んで、記号を書きましょう。　10点(一つ5)

① （　）重要なニュースなど、多くの人に読んでもらいたい、新しい記事の見出し。

② （　）キーワードを入力すると、関連する記事の一覧が表示される。

ア サイト名　イ トップニュース　ウ 検索窓

◎文章を推敲しよう

4 文章を推敲するときに気をつけることとして正しいほうに○を付けましょう。　10点

ア（　）伝えたいことを、相手に気をつかってあいまいに書く。

イ（　）正しく伝わるように、事実と、感想や意見とを区別して書く。

◎漢字の広場②

5 ——線の言葉を、漢字を使って書きましょう。　8点(一つ2)

① うまみをふやすため塩分をくわす。

② あまったおかしをようきにしまう。

とくト 6 (3)

ウ ( ) イ ( ) ア 付けし発見された恐竜の名前を、次から一つ選んで、○で正しく名付けられたサウルスは名前が発しいれたとオロンチュワカバチュオウサウルスと名

14点

ニュースの内容と決まったサウルスだったとウカバチュオウサウルスと名

一つ選んで、○で名前に発信しだれかが発表

10点

(2)

(1) ( )

ウ ( ) イ ( ) ア 発見した化石を、今後8年かけて研究することで新種を発でして、2008年に月23日の発見にしょう。研究チームは、この月23日の発表したこの恐竜の最後にとばならない。貴重な発見

15点

(3)

ウ ( ) イ ( ) ア 発見した化石は、次のどれ発しよう。次から一つ選んでと判明した恐竜の化石であるでり、日本で新種を付ける貴重な新種を発表した事実

08年発見の恐竜化石、新種だった 命名「ヒカリサウルス」

202×年9月23日15時10分 【北西新聞】

写真は省略

●●理科大などの研究チームは23日、2008年に若葉中央市で発見された恐竜の化石が新種であることが分かったと発表した。同研究チームはこの恐竜を「ヒカリサウルス」と命名した。大きさは、頭から尾までおよそ3メートル、体重は約500キロと推定される。

関連記事
若葉中央市で見つかった、新種の恐竜の化石
恐竜が生きていた時代を再現するテーマパークが開園へ

コメントはこちら

名前

コメントをする

コメント

とく名 9月23日16時30分
若葉中央市で見つかったのだから、「ヒカリサウルス」ではなく「ワカバチュウオウサウルス」にすべき。

森田 9月23日17時00分
大発見ですね。きっと日本で新種の恐竜が発見されることなんてもう二度とないと思います。それほどに貴重な発見ですよ。

《「インターネットニュースを読もう」より》

まとめ 6
ドリル 17

インターネットでニュースを読もう
文章を推敲しよう
漢字の広場②

時間20分　合格80点　／100
答え 88ページ
月　日

◎インターネットでニュースを読もう＼文章を推敲しよう

1 次の□に合う漢字を書きましょう。　21点(一つ3)

① 新聞を閲□する。（らん）
② 食料品の□□げ。（ね あ）
③ エネルギー□□（し げん）
④ 映画□□（はいゆう）
⑤ □□□される。（すいてい）
⑥ □□□な意見。（きちょう）
⑦ □□□を練る。（たいさく）

◎インターネットでニュースを読もう

2 次の──線の部分を、漢字と送り仮名で書きましょう。　6点(一つ3)

① 敵をしりぞける。（　　　　　）
② きびしいルールを課す。（　　　　　）

3 次の言葉の意味を下から選んで、──でつなぎましょう。　6点(一つ3)

① 特徴・
② 特長・

・ア 他と比べ、特にすぐれている点。
・イ 他と比べ、特に目立っている点。
・ウ 他と比べ、高価であるもの。

4 インターネットから適切に情報を得るために大切なことをまとめました。次の（　）に当てはまる言葉を、後の□から一つずつ選んで、記号を書きましょう。　12点(一つ3)

・いつ、（①　　）が発信した情報かに注意して、（②　　）を正確に読み取ったり、信頼できる情報かどうかを判断したりする。
・（③　　）するニュースが探しやすかったり、情報がひんぱんに（④　　）されたりするなどの、ニュースサイトの特徴をいかして情報を得るとよい。

ア 更新　イ 事実　ウ だれ　エ 関連

⑦引用をするときは、引用部分がわかるように、「 」を使ったり、引用した箇所（引用記号をつけたりするとよい。）

◎文章を推敲しよう

「5」 次の文章を推敲するとき、下のような直し方はどのような目的で行われていますか。後の□□□から一つずつ選んで、記号を書きなさい。12点(一つ6)

① (　) これは、環境問題に大きく関わっている。
↓
これは、環境問題に大きく関わっている。

② (　) これは、環境問題に大きく関わっている。
↓
○月×日午後九時からのニュースで、このごろの大気汚染について解説していた。

ア 文章を具体的に書く	イ 引用元をはっきり書く

「6」 自分が書いた文章を推敲するときに気をつけることをまとめました。次の（　）に当てはまる言葉を、後の□□□から一つずつ選んで、記号を書きなさい。16点(一つ4)

・伝えたいことが（ ① ）に書けているか。
・伝えたいことが相手に理解してもらえるように（ ② ）に分けて書いているか。
・自分の感想や意見と事実とを区別して書いているか。（ ③ ）
・他の事実や意見を（ ④ ）するときに、文章のつながりは適切か。

ア 引用	イ 具体的	ウ 意見	エ 構成

◎漢字の広場②

「7」 ――線の言葉を、漢字を使って書きなさい。27点(一つ3)

① 遊園地のゲートを見て、スタートの位置をたしかめる。

② おおぜいの人でこんざつしている入場口をさがす。

③ そうじゅうするブレーキのききぐあいをたしかめる。

18 やまなし

❶ 次の──線の漢字の読み仮名を書きましょう。　9点(1つ3)

① 身が縮む。　（　　　）
② 棒プラフ　（　　　）
③ よく熟す。　（　　　）

❷ 次の──線の言葉の意味をそれぞれ選んで、○を付けましょう。　16点(1つ4)

① 身をひるがえす。
　ア（　）態度や考えを改める。
　イ（　）ひらひらと動かす。
　ウ（　）急に位置や向きを変える。

② 辺りがにわかにぱっと明るくなる。
　ア（　）突然。
　イ（　）あわてて。
　ウ（　）間に合うように。

「にわか雨」は、とつぜんに降る雨のことでしょうか。

③ こわものかにはっ、居すくまってしまった。
　ア（　）その場からにげ出してしまった。
　イ（　）その場で動けなくなってしまった。
　ウ（　）相手をおどろかせてしまった。

④ かにはっ、両方の目をあらん限りのばして、遠くを見た。
　ア（　）できるだけ。あるだけ。
　イ（　）ほんのわずか。
　ウ（　）よゆうを持って。

❸ 次の（　）に当てはまる言葉を、後の　　から一つずつ選んで、記号を書きましょう。　15点(1つ3)

① あまりのこわさに（　）ふるえる。
② （　）と黄金のぶちが光った。
③ 波が、青白いほのおを（　）と上げた。
④ うえたオオカミの（　）とした目つき。
⑤ 紙を丸めて（　）にする。

```
ア きらきらっ　イ ゆらゆら　ウ ぎらぎら
エ ぶるぶる　　オ くちゃくちゃ
```

4 次の文章を読んで、問題に答えましょう。

116ページ1行～117ページ4行

魚がまたゆれて戻ってきました。今度はゆっくり落ち着いて、ひれも尾も動かさず、ただ水にだけ流されながら、お口を輪のように円くしてやって来ました。その影は、黒く静かに底の光の網の上をすべりました。

「お魚は、なぜああやって行ったり来たりするの。」

「何か悪いことをしているんだよ、とってるんだよ。」

「とってるの。」

「うん。」

そのお魚が、また上へ上りはじめました。

その時です。にわかに天井に白いあわが立って、青光りのまるでぎらぎらする鉄砲だまのようなものが、いきなり飛びこんできました。

兄さんのかには、はっきりとその青いものの先が、コンパスのように黒くとがっているのも見ました。と、思ううちに、魚の白い腹がぎらっと光って一ぺんひるがえり、上の方へ上ったようでしたが、それっきりもう青いものも魚の形も見えず、光の黄金のあみはゆらゆらゆれ、あわはつぶつぶ流れました。

二ひきはまるで声も出ず、居すくまってしまいました。

〈宮沢賢治「やまなし」より〉

---

(1) ――「悪いこと」とは、何ですか。次のア～ウから一つ選んで、○を付けましょう。

ア（　）あわを食べること。

イ（　）えさをとること。

ウ（　）行ったり来たりすること。

(2) 「ひれも尾も動かず、ゆっくり落ち着いて、」来たのは何ですか。

(　　　　　　　　　　)

(3) 兄さんのかには、どんな様子を見ましたか。「青い□□□の□□が、□□□□とがっている様子。」

(　　　　　　　　　　)

(4) 「魚の白い腹がぎらっと光って、上の方へ行きました。」とありますが、青いものが来て、魚はどうなりましたか。

(　　　　　　　　　　)

(5) 「……。」とありますが、二ひきは声も出せず、居すくまってしまったのは、なぜですか。

(　　　　　　　　　　)

(6) 場面が大きく変わるところで、二つに分けるとすると、最初の場面の最後の一文をぬき出しましょう。

(　　　　　　　　　　)

◎ [資料] イーハトーヴの夢

❶ 次の──線の漢字の読み仮名を書きましょう。　12点(一つ3)

① 曲尺（　　　）　② 寸法を測る（　　　）　③ 戸を閉じる（　　　）　④ 遺書を書く（　　　）

◎ 漢字の広場③

❷ ──線の言葉を、漢字を使って書きましょう。　6点(一つ2)

① ひとりぼっちではかばを歩く。

② えだの上からねこを救助する。

◎ 熟語の成り立ち

❸ 次の成り立ちの漢字二字の熟語を、後の　　　から一つずつ選んで書きましょう。　24点(一つ3)

① 似た意味の漢字の組み合わせ
　例　豊富（豊か・富む）　　　（　　　）（　　　）

② 意味が対になる漢字の組み合わせ
　例　左右（左・右）　　　（　　　）（　　　）

③ 上の漢字が下の漢字を修飾する関係にある
　組み合わせ　例　再会（再び会う）　　　（　　　）（　　　）

④ 「──を」「──に」に当たる意味の漢字が下に
　来る組み合わせ　例　登山（山に登る）　　　（　　　）（　　　）

> 海底　帰国　公私　決心　救助　温泉　天地　表現

◎ 季節の言葉3　秋の深まり

❹ 次の文が表している言葉を、後の　　　から一つずつ選んで、記号を書きましょう。　12点(一つ4)

①（　　　）こよみのうえで秋が始まる日。

②（　　　）草木の葉につゆが結ぶ、秋らしい気配が増すころ。

③（　　　）昼と夜の長さがほぼ同じの、秋のひがんの中日の日。

> ア　秋分（しゅうぶん）　イ　白露（はくろ）　ウ　立秋（りっしゅう）

どんなイーハトーブにしたかったのかな。

◎［資料］イーハトーブの夢

⑤ 次の文章を読んで、問題に答えましょう。

教科書 ページ 125〜126 行 8〜12

ましい出来事が起こっているのだ。

けれどもそれはすばらしい若い岩手県、昔から同じ大きさ同じ形の若い岩手県が、昔から同じ大きさ同じ形のままであるために、こうした羨ましい出来事が起こっている。

だけれどもそれはすばらしい若い岩手県のような夢の場所が、どこかにないかと、賢治はいつも考えていたようだ。

それで、「イーハトーブ」という名前をつけた。これは賢治の造った名前だ。イーハトーブは、想像で作ってある架空の地名だが、「イワテ」という読み方とも似ている。

イーハトーブという場所は、賢治の書いた物語の舞台として、そのいろいろな作品の中に出てくる。「注文の多い料理店」「セロ弾きのゴーシュ」「風の又三郎」など、賢治の書いた童話や詩であれば、それはどれも、合わせられる自然の理想を書いたのだ。それはどれも、合わせられる自分の理想・希望を書いたのだ。そこには、未来にある農作業の中に喜びを見つける、工夫して生活を楽しむ先生がいる。

〈畑山博「イーハトーブの夢」〉

(1) 「先生」――賢治の理想が書かれて集中する三文字を文中から探して、初めと終わりの五文字を書きましょう。（句読点もそれにふくまれます。） 15点

[解答欄] 〜 [解答欄] （完答）

(2) 賢治が詩や童話を書いた目的は何ですか。簡単にまとめて書きましょう。 15点

[解答欄]

(3) 賢治は、なぜ自分の書いた物語の舞台や登場人物に、全国の地名や人名を付けたと推測できますか。次の中から一つ選んで、○を付けましょう。 16点

ア（ ）自分が住んでいる岩手県のことを、全国の人々に知ってもらいたかったから。

イ（ ）自分の童話を読む人たちが、自分の住む場所のように親しみをもてるようにしたかったから。

ウ（ ）現実の世界の中にはないユートピアのような場所が、どこかにあればよいと考えたから。

やまない熟語の成り立ち

時間 20分　合格80点　／100　答え 89ページ　月　日

◎ [資料] イーハトーブの夢

1 次の文は、宮沢賢治のどの作品についてしょうかいしたものですか。下の □ から選んで、記号を書きましょう。　6点

・（　）ある晩、事故でなくなった親友を送って、天上の国まで鉄道で旅してしまう少年の物語。

ア 注文の多い料理店
イ 風の又三郎
ウ 銀河鉄道の夜

◎ 漢字の広場③

2 下の □ の中の漢字二字を組み合わせて、熟語を三つ作りましょう。　9点(1つ3)

限　問　博　質　識　界

◎ 熟語の成り立ち

3 次の漢字三字の熟語の成り立ちを、後の □ から一つずつ選んで、記号を書きましょう。同じものを何度選んでもかまいません。　24点(1つ3)

① （　）未解決　② （　）新記録　③ （　）典型的　④ （　）高学年
⑤ （　）合理化　⑥ （　）衣食住　⑦ （　）無意識　⑧ （　）太陽系

> ア 上の一字の語が下の二字熟語の性質・状態などを限定するもの。
> 　例 低学年
> イ 「不」「未」「無」「非」など、上の語が下の語を打ち消すもの。
> 　例 非公開
> ウ 上の二字熟語が下の一字の語を修飾して、物事の名前になるもの。
> 　例 動物園
> エ 上の二字熟語に下の一字の語が意味をそえて、様子や状態を表すもの。
> 　例 近代化
> オ 一字の語の集まりから成る熟語。
> 　例 松竹梅

4 次の熟語はどのように分けられますか。例にならって、一で区切って書きましょう。
　例　臨時列車（ 臨時 ｜ 列車 ）　6点(1つ3)

① 各駅停車（　　　　　）　② 海水浴客（　　　　　）

5 次の文章を読んで、問題に答えましょう。
📖 教科書 121ページ1行～122ページ8行

〈宮沢賢治「やまなし」より〉

そのとき、にわかに天井に白いあわが立って、青びかりのまるでぎらぎらする鉄砲だまのようなものが、いきなり飛びこんできました。

兄さんのかには、はっきりとその青いものの先が、コンパスのように黒く尖っているのも見ました。と思ううちに、魚の白い腹がぎらっと光って一ぺんひるがえり、上のほうへのぼったようでしたが、それっきりもう青いものも魚の形も見えず、光の黄金のあみはゆらゆらゆれ、あわはつぶつぶ流れました。

二ひきはまるで声も出ず、居すくまってしまいました。

お父さんのかにが出てきました。

「どうしたい。ぶるぶるふるえているじゃないか。」

「お父さん、いまおかしなものが来たよ。」

「どんなもんだ。」

「青くてね、光るんだよ。はじがこんなに黒くとがってるの。それが来たらお魚が上へのぼっていったよ。」

「そいつの目が赤かったかい。」

「わからない。」

「ふうん。しかし、そいつは鳥だよ。かわせみというんだ。だいじょうぶだ、安心しろ。おれたちはかまわないんだから。」

「お父さん、お魚はどこへ行ったの。」

「魚かい。魚はこわいところへ行った。」

---

(1) ──「そいつ」とありますが、お父さんは、「そいつ」は何と言っていますか。
（　　　　　　　　　）10点

(2) ──「あれ」とありますが、お父さんは「あれ」は何だと言っていますか。文章中から表しているやさしく続けて、初めの五字をぬき出しましょう。
（　　　　　　　　　）10点

(3) 「合わせ」とありますが、何と何を合わせて「コンパス」のようだと言っていますか。
□□□□ 12点

(4) この「コンパス」は、何のことを表していますか。「○○の○○」という作者特有の、作者特有の様子を表す言葉を文章中から様子を表すか、これ以外の、作者特有の様子を表す言葉を文章中からぬき出しましょう。
（　　　　　　　　　）11点

(5) この物語の中で表し出しましょう。
□□□□ 10点

で、ぶんりゃくも表している物語の中で何ですか。最もよいものを次から選んで記号で書きましょう。

ア 静けさ（　　）
イ 希望（　　）
ウ 破けつ（　　）
12点

みんなで楽しく過ごすために
話し言葉と書き言葉／古典芸能の世界
狂言「柿山伏」を楽しもう

◎みんなで楽しく過ごすために／話し言葉と書き言葉／古典芸能の世界

1 次の――線の漢字の読み仮名を書きましょう。　30点(1つ2)

① 改善点（　　　　　）
② 班になる。（　　　　　）
③ 危険（　　　　　）
④ 役割（　　　　　）

⑤ 否定的（　　　　　）
⑥ 口調（　　　　　）
⑦ 至急（　　　　　）
⑧ 帰宅（　　　　　）

⑨ 砂糖（　　　　　）
⑩ 紅茶（　　　　　）
⑪ 卵（　　　　　）
⑫ 牛乳（　　　　　）

⑬ 創業（　　　　　）
⑭ 伴奏（　　　　　）
⑮ 誕生（　　　　　）

◎みんなで楽しく過ごすために

2 一年生との交流で、どんな遊びをするかという話し合いの進め方をまとめました。次の（　）に当てはまる言葉を、後の◻︎から一つずつ選んで、記号を書きましょう。　24点(1つ3)

1　一人ずつ（①　　　）を出し合う。
2　たがいに質問し合い、（②　　　）などを明らかにする。出た意見を整理する。
3　（③　　　）や（④　　　）に照らして話し合い、（⑤　　　）を決める。
4　（⑥　　　）遊びをためして、（⑦　　　）がないかを確かめる。
5　必要に応じてさらに話し合い、（⑧　　　）する。

```
ア 実際に    イ 疑問点    ウ 仮の結論    エ 目的
オ 最終決定  カ 意見      キ 条件        ク 問題点
```

3 伝えにくいことを伝えるときのポイントをまとめました。次の（　）に当てはまる言葉を、後の◻︎から一つずつ選んで、記号を書きましょう。　12点(1つ3)

相手に正確に伝わり、冷静に受け止めてもらえるように、（①　　　）を具体的に説明し、自分の気持ちや考え、そして提案や（②　　　）を伝えるようにする。また、伝えるときの（③　　　）や（④　　　）なども考える。

```
ア 希望    イ 表情    ウ 事実    エ 口調
```

◎話し言葉と書き言葉

4 次の（　）にあてはまる言葉を、後の□□□から一つずつ選んで、記号を書きなさい。

18点(1つ2)

【話し言葉の特徴】

・（①）で表す言葉で、消えてしまいがちである。
・（②）で表す言葉なので、相手の声の大きさや調子で自分の気持ちを表すことができる。
・実物を示したり相手の反応を見ながら話せる。
・（③）に応じて、相手に応じた言葉づかいや話し方を選べる。
・（④）を使うことで、相手に意味や気持ちが伝わりやすい。
・言いまちがいやすいので、言い直したり自分の気持ちを表す言葉を言い直したりできる。
・（⑤）が使われることがあるため、後で確かめられないことがある。あとで読み直すことができない。

【書き言葉の特徴】

・（⑥）で表す言葉で、残すことができる。
・書いた後で読み直して、誤字・脱字を直したり書き直したりできる。
・（⑦）を整えたり、書き直したりして、読み手が理解しやすいようにできる。
・話し言葉にくらべて、誤解が生じないように、言葉を選ぶ必要がある。
・デジタル機器やパソコンなどで、手元で文字を選ぶから、文字を使った表現の工夫ができる。
・（⑧）が短いと、誤解が生じることがあるので、仮名や漢字の使い方など、多くの表現を選ぶ必要がある。
・（⑨）が表情や声のように伝わりにくいので、言葉を正確に選んで表す必要がある。

ア	共通語
イ	間の取り方
ウ	声調子
エ	声
オ	音声
カ	ことばの取り
キ	文字
ク	声のまちがい
ケ	語順

5 ◎狂言「柿山伏」を楽しもう
次の狂言の主役と相手役を、それぞれ何といいますか。

16点(1つ8)

主役（　　　　　　　　　）

相手役（　　　　　　　　　）

「書く」の普通文のちがいから、おぼえましょう。

まとめ
ドリル
22
話し言葉と書き言葉
古典芸能の世界
狂言「柿山伏」を楽しもう

サクッとこたえあわせ

時間 20分　合格80点　/100　答え 90ページ　月 日

◎話し言葉と書き言葉＼古典芸能の世界＼狂言「柿山伏」を楽しもう

1 次の□に合う漢字を書きましょう。　18点(1つ3)

① たまご を ゆでる。

② ぎゅうにゅう を飲む。

③ ピアノの伴そう □。

④ たんじょう 秘話

⑤ こまっ た顔。

⑥ かんびょう をする。

◎話し言葉と書き言葉

2 次の説明で、話し言葉に当てはまるものにはア、書き言葉に当てはまるものにはイの記号を書きましょう。　8点(1つ2)

①(　)文字で表す言葉で、共通語で書くことが多い。

②(　)実物を示しながら、こそあど言葉を使って表すことや、アクセントで意味のちがいを伝えることができる。

③(　)仮名や漢字の使い方を工夫することで、理解しやすくすることができる。

④(　)音声で表す言葉で、ふつう、相手に応じた言葉づかいをする。

◎古典芸能の世界

3 次の説明に合うものを、後の□から1つずつ選んで記号を書きましょう。20点(1つ4)

①(　)室町時代に行われるようになった演劇で、登場人物の他に、歌や楽器の担当など、十数人が登場する。

②(　)江戸時代に生まれた、音楽やおどり、登場人物のせりふやしぐさといった要素を合わせた演劇。

③(　)江戸時代に生まれた、せりふや場面の様子などを語る「大夫」、伴そうの三味線、人形をあやつる「人形つかい」によって演じられる。

④(　)江戸時代ごろから今のような形で楽しまれるようになった、身ぶりを交えて一人で語る芸で、最後は「落ち」とよばれる効果的な表現でしめくくられる。

⑤(　)室町時代に行われるようになった演劇(喜劇)で、多くの作品が二人から四人の登場人物で上演され、せりふやしぐさを中心としたものになっている。

ア 狂言　イ 能　ウ 歌舞伎　エ 落語　オ 人形浄瑠璃(文楽)

〈より「柿山伏」〉

山伏「やいやい、ぬすっとめ。今度は、おのれを結たり候間、逃がさぬぞ。」

柿主「(笑い)何と、身の上を人に知られまいとて、鳴くまいことか。」

山伏「(手をついて鳴きまねをして)こけこっこう、こけこっこう。」

柿主「身が今のを見て、鳴くまいことか。それ、身が今のを見て、射殺いてやらう。」

山伏「(手をついて鳴きまねをして)こけこっこう、こけこっこう。それ、身が今のを見て、弓で射殺いてやらう。」

山伏は、鳴かぬ。

<u>柿主</u>「あれはからすかと思うたれば、人であったが、顔をかくひた。」

柿主「身が今のを見て、落ちつかう。」

山伏は、からすでもあるまいが、身が見たれば、あれは落ちつかう。

山伏は、鳴く。

◀ 次の文章を読んで、問題に答えましょう。
📖 教科書153ページ～154ページ

狂言「柿山伏」を楽しもう

(1) <u>落ちつかう</u>と言った山伏が落ち着いた理由は、「柿主」がどう言ったからですか。 15点

(2) <u>からすか</u>と言った「柿主」の言葉は、現代語に直すと、「おのれは鳴かぬか」という意味です。次から一つ選んで、○を付けましょう。 12点

ア（　）おまえは鳴かないのか。
イ（　）自分は鳴けないのか。
ウ（　）おまえは鳴けないのか。

(3) この場面で、「柿主」はおまえを何だと言っていますか。次から全て選んで、○を付けましょう。 12点（完答）

（　）さまざまな動物。

(4) この場面について、次から一つ選んで、○を付けましょう。 15点

ア（　）山伏は、他人の柿を食べて反省している。
イ（　）山伏は、他人の家に勝手に入って柿を食べている。
ウ（　）山伏は、柿主にだまされている。

❶ 次の──線の漢字の読み仮名を書きましょう。 12点(一つ3)

(　　　　　)(　　　　)　(　　　　　)　(　　　　　)

① 話の 筋道。　② 盛り上がる　③ 骨格　④ 国宝

❷ 次の──線の言葉の意味をそれぞれ選んで、○を付けましょう。 12点(一つ4)

① 相手の動きに思わず ひるむ。

　ア(　)勢いにおされて気持ちが弱くなる。

　イ(　)考えや態度などを突然変える。

　ウ(　)すきを見て反撃に転じる。

② 若者たちのエネルギーが 躍動 する。

　ア(　)反抗的な態度をとること。

　イ(　)生き生きと活動すること。

　ウ(　)じわじわとたまっていくこと。

③ 絵巻物とアニメの 原理 は似ている。

　ア(　)物事のあるべき正しい道筋。

　イ(　)物事の根本となるしくみ。

　ウ(　)物事が始められた理由。

「躍」には、「おどる」という意味があるよ。

❸ 次の言葉と似た意味を表す言葉を、後の◻︎◻︎から一つずつ選んで、記号を書きましょう。 12点(一つ4)

① 手法=(　)　② 祖=(　)　③ 抗議=(　)

┌─────────────────────────────┐
│ ア 苦情　　イ 技法　　ウ 元祖　　エ 法律 │
└─────────────────────────────┘

❹ 次の表現を使って、短い文を作りましょう。 14点(一つ7)

① すかさず

(　　　　　　　　　　　　　　　　　　　　　　)

② あくまでも

(　　　　　　　　　　　　　　　　　　　　　　)

筆者の表現のエ夫に注目して読もう。

だれが何をしているか、どんな場面かが分かる言葉を、後の□□から選んで書こう。

〈高畑勲「鳥獣戯画」を読む〉

⑤ 次の文章を読んで、問題に答えましょう。

敎156ページ5行～158ページ11行

まず、大画面漫画の祖、国宝『鳥獣戯画』甲巻、通称『鳥獣戯画』。絵巻物だ。

兎と蛙の相撲をとっている場面だ。蛙が兎を投げ飛ばした。その気合いか、蛙の口から線が出ているが、これはきっと「えいっ」と投げとばした、その気合いの声なのにちがいない。たぶん、蛙が兎を投げ飛ばした場面だろう。

『鳥獣戯画』の絵は、遊んでいる本当の四本足の動物を、何かを見ながら描いたのではないか、と思えるほど、絵は実に確かで、骨格や筋肉が正しく空想中の動物とは思えない。

手足をやわらかく、のびのびと動かして、まるで人間みたいに遊んでいる。この墨一色だけで描いた線の、あるいは濃く、あるいは淡く、その気品のある線だけで、本物の生き物のように、生き生きと躍動し運動する様子が描けるとは。

冬でも毛なみのよい生き物が、耳の先の何かに何かをして、何かを抑えつけている。

(1) 第一段落には、次のア～ウから一つ選んで、□に○を付けましょう。

ア（　）観察した動物たちの生態を記録している。

イ（　）筆者が見た『鳥獣戯画』の動物たちを記録している。

ウ（　）画面を見て、筆者が観察した『鳥獣戯画』の場面を記録している。

(2) 動物たちが自由に空想して遊んでいる、という世界たち、動物たちが何に遊んでいる世界たち

動物たちの本物の

(3) 通称『この絵』は、『鳥獣戯画』『鳥獣人物戯画甲巻』
この絵は「一」の絵は『鳥獣戯画』
筆者の生き物たちが
めの五字を書きぬきましょう。
を探し、初めの四字を書きぬきましょう。

(4) 『鳥獣戯画』は、文章中から他に何と書かれていますか。

(5) 動いていると見えたり、ページをめくってくると動くように見えるので、どのように見えるのですか。

46 （1つ10）50点

24. 発見、日本文化のみりょく / カンジー博士の漢字学習の秘伝 / 漢字の広場④

時間 15分　合格80点　／100　答え 90ページ

◎発見、日本文化のみりょく／カンジー博士の漢字学習の秘伝

1 次の——線の漢字の読み仮名を書きましょう。　26点(1つ2)

① 郷土（　　　）
② 敬う（　　　）
③ 聖火（　　　）
④ 絹（　　　）

⑤ 拝む（　　　）
⑥ 鉄鋼（　　　）
⑦ 死亡（　　　）
⑧ 郵便局（　　　）

⑨ 家賃（　　　）
⑩ 孝行（　　　）
⑪ 預金（　　　）
⑫ 穀物（　　　）

⑬ 米俵（　　　）

◎発見、日本文化のみりょく

2 日本文化のみりょくを文章にします。その手順を示した次の（　）に当てはまる言葉を、後の　　から一つずつ選んで、記号を書きましょう。　21点(1つ3)

【話の中心を分かりやすくする工夫】
・「初め」と「終わり」の両方で、伝えたいことを書く。
・「初め」で（①　　）を示し、「終わり」で（②　　）をくわしく書く。

【読む人に理解してもらう工夫】
・選んだもの（③　　）を述べた後、それを支える理由や（④　　）を挙げる。
・（⑤　　）を示してから、それがどんな（⑥　　）によるものかを説明する。
・「初め」に「（⑦　　）」を書き、それに答えていく。

ア 結果	イ 問い	ウ 伝えたいこと	エ 事例
オ 原因	カ よさ	キ 話題	

◎ 発見、日本文化のみりょく

❹ 次の「日本文化のよさを伝える」文章を読んで、問題に答えましょう。　教 p.160〜171

① 日本には、「和食」という健康的な食文化があります。和食は、世界中の人々にみとめられ、注目されています。

② なぜ、和食は、これほどまでに多くの人々に受け入れられているのでしょうか。それは、和食が、食材を大切にし、自然のめぐみに感謝する食文化だからです。

③ 和食では、食材そのものの味をいかすことを大切にします。例えば、和食を代表する食べ物であるすしは、新鮮な食材を生かした料理です。他にも、素材の味を引き出す調理のしかたは、和食ならではの特長です。

④ ──── また、和食は、地域に根付いた食文化でもあります。その土地でとれる食材を使い、その時期に合った食べ方をすることで、自然のめぐみを大切にしているのです。

⑤ このように、和食には、本当の意味での食べることの価値があるのです。和食のよさを、これからも大切にしていきたいものです。

(1) この文章の題材は何ですか。二字で書きぬきましょう。10点

（　　　）

(2) □の後の段落は何から始まっていますか。□の後の段落は何ですか。10点

（　　　）

(3) 次の文は、□より後の段落について書いたものです。①・②・⑤段落に付くものを、次のア〜エから選んで、記号を○で付けましょう。15点（一つ5点）

ア 図や表	イ まとめ
ウ 具体例	エ 話題

・①段落（　　　）
・②段落（　　　）
・⑤段落（　　　）

(4) この文章の題材について、どのように伝えていますか。五字で書きぬきましょう。10点

◎ 漢字の広場④

❸ ──線の言葉を、漢字を使って書きましょう。　8点（一つ2点）

① すべての参加者から同じくらい<u>ひょう</u>を集めた。

② チームワークで<u>しょうり</u>を収めた。

48

まとめドリル 25

『鳥獣戯画』を読む
カンジー博士の漢字学習の秘伝
漢字の広場④

時間 20分　合格80点　/100　答え 91ページ

サッとこたえあわせ

月　日

◎カンジー博士の漢字学習の秘伝

1 次のうち、（　）内の漢字の読み方が正しいものを三つ選び、○を付けましょう。　9点(1つ3)

ア（　）黄金（おうごん）　イ（　）孝行（こうぎょう）

ウ（　）本音（ほんおん）　エ（　）気配（けはい）

オ（　）調子（ちょうこ）　カ（　）家賃（やちん）

2 次の各組の──線の漢字のうち、読み方が他と異なるものを一つずつ選んで、○を付けましょう。　9点(1つ3)

①　ア（　）死亡　イ（　）支障　ウ（　）綿糸　エ（　）様子

②　ア（　）河口　イ（　）教科　ウ（　）初夏　エ（　）家来

③　ア（　）右折　イ（　）有益　ウ（　）優秀　エ（　）郵便

3 次の──線の部分を、漢字と送り仮名で書きましょう。　24点(1つ3)

①　つめたい水。（　　　　）　②　あたたかいスープ。（　　　　）

③　指示にしたがう。（　　　　）　④　あきらかな事実。（　　　　）

⑤　しあわせになる。（　　　　）　⑥　道がまじわる。（　　　　）

⑦　まったく知らない。（　　　　）　⑧　さくせんをこころみる。（　　　　）

◎漢字の広場④

4 次の言葉を全て使って、それぞれ短い文を作りましょう。　18点(1つ9)

①　国際情勢　解説　報道

（　　　　　　　　　　　　　　　　　　　　　　）

②　演技　指導

（　　　　　　　　　　　　　　　　　　　　　　）

⑤ 次の文章を読んで、問題に答えましょう。

「鳥獣戯画」『漫画』を読む

教科書 159ページ4行～161ページ3行

〈高畑勲「『鳥獣戯画』を読む」より〉

家が八百五十年もの間、これらの絵巻を守り伝えてきたのだ。

ほら、蛙が兎を投げ飛ばして、その口から息が出ている。「えいっ」という気合いとともに、蛙が兎を投げ飛ばした、その一瞬をとらえている。この蛙の口から出ている線は、「気合い」だろうか。それとも笑っているのだろうか。

そのうえ、あまんと、この三匹の蛙と三匹の兎は、対応しているようにも見える。たとえば、前の絵の兎の応援しているようにも見える。

絵巻物は、右から左へと広げていくにつれて、時間が流れていく。次の瞬間にはこうなるという、時間が流れているのだ。

ポーズだけでなく、表情も、実にすばらしい。蛙が兎を投げ飛ばして、その兎の全体が、笑っている。対する蛙も、笑っている。草に隠れて、遊びやら、勝負を見て笑っている蛙もいる。手に汗にぎる真剣勝負であるのに、どの絵も、みんな笑っているのだ。実に楽しそうだ。兎と蛙は仲良しなのだ。

この絵巻物は、何百年も受けつがれてきたのだ。それをわたしたちは、今、手軽に見ることができる。

背中やせなか、尻尾も、線が転がるようになっている。足の線も、転がるように、背中から尻尾へ、流れるように描いてある。

（1）「背中やせなか……線が転がるように」とありますが、この次の表現から、筆者の工夫を選んで、アからエまでの記号で答えましょう。

ア 名詞で止めて、文章のリズムを引き立てる。

イ 変化をつけて、文章の流れを引き立てる。

ウ 動きのある文章にして、正確さと信頼性を高める。

（2）「だ」について、なぜ「だ」と言い切っているのか、この理由を「……」と考えていますが、筆者は

（3）「絵巻物は……時間が流れている」とありますが、筆者はこの絵巻物について「……」と考えていますが、筆者は初めの五字をぬき出しましょう。

（4）筆者が感想をしめしている三段落から、初めの五字をぬき出しましょう。

時間 15分　合格80点　／100

サクッとこたえあわせ

答え 91ページ

月　日

1 次の──線の漢字の読み仮名を書きましょう。　6点(1つ2)

① 翻訳（ほん　　）　② 忘れる（　　　）　③ 暖炉（だん　　）

2 次の文章の（　）に当てはまる言葉を後の［　　］から1つずつ選んで、記号を書きましょう。　12点(1つ4)

① 本が読めたので（　　）うれしいと思わない。

② 森の動物たちが（　　）かくれている。

③ 新しい本を（　　）少しだけ読む。

［　ア ひっそり　　イ ほんの　　ウ ちっとも　］

3 次の──線の言葉の意味をそれぞれ選んで、○を付けましょう。　16点(1つ4)

① リーダーになるなんてまっぴらだ。

ア（　）とてもうれしい。

イ（　）絶対にいやだ。

ウ（　）どちらでも構わない。

② 父が話しているときに口をはさむ。

ア（　）相づちを打つ。

イ（　）わりこんで話す。

ウ（　）だまっている。

③ カレーにありったけの野菜を使う。

ア（　）あるだけ全部の。

イ（　）とてもたくさんの。

ウ（　）好きに選んだ。

④ 寒い日でも休まず走る馬の姿が勇ましい。

ア（　）乱暴でおそろしい。

イ（　）弱々しくて消極的な。

ウ（　）困難をおそれず積極的な。

４ 次の文章を読んで、問題に答えましょう。
174ページ1行～175ページ14行

ぼくらは三人きょうだいで、ぼくは長男だ。ぼくらの間にはやさしい名前がつけられている。母ちゃんの気配りからだ。ぼくの名前はムササビ。空を飛ぶ動物力所、高い坂道を終わりまで飛ぶように、高い山の木々の間を飛ぶようにとの思いからつけられたものだ。

下の弟のやんちゃな弟はリスだ。父ちゃんは畑を耕したり、動物の世話をしたりして、一日中すごす。ぼくらは父ちゃんの手伝いをしている。

妹のラークはまだ小さい子どもで、父ちゃんと母ちゃんに迷子にならないようにと、見守られている。ぼくの家族は、本を読むことが好きではない。ぼくは字を見るだけでめまいがする。

父ちゃんは本が好きではないが、あれこれ家族のためにすることが、本を読むことよりも役に立つと考えているのだ。

ある日、「ほ」という、本を配るための馬に乗った先生が、近くの小さな小屋にやってきた。

そのうちラークは、「ほ」のおかげで勉強をするようになった。勉強を教えてくれる先生を「ラーク」はへんに思った。ぼくはへんだと思わない。

広いあたりに学校はなく、生徒を教えるラークは、飛んできた下の川辺のやさしい先生になった。

字をニーっと引くのもへんだ。「へい」の中で、字の文へ「へい」という。

（1）「ほ」は役立つ とありますが、それはどういうことですか。「ほ」が家族のために役立つものであることがわかる言い方を文中から見つけて、当てはまるものを次のア～ウから一つ選んで、○を付けましょう。 16点

　ア（　）弟たちはわたしに遊んでもらいたいから。

　イ（　）妹は本を読んでもらいたいから。

　ウ（　）家族は本だたり読んだりしてくれるから。家族のために手伝いをしてくれるから家。

（2）父ちゃんは「へい」と言った とありますが、「へい」とはどういうことを言っているのですか。本が好きな人は、いることから考えられる父ちゃんの言葉だと、見つけて言いましょう。 20点

（3）「へい」は文字が何に見えるのですか。 15点

（4）「ラーク」は勉強を教えてくれる先生 とありますが、それはどういうことですか。 15点

　ア（　）字が見えるほどまじめに弟を読めなかったから。

　イ（　）家族の中で自分だけが本を読めなかったから。

　ウ（　）字が悪いのは自分のせいだから本を読みたくなかったから。

おすすめパンフレットを作ろう
季節の言葉4 冬のおとずれ

◎おすすめパンフレットを作ろう

1 次の——線の漢字の読み仮名を書きましょう。　3点

（　　　　　）

・作詞

2 グループでおすすめパンフレットを作るときの手順を示した次の（　）に当てはまる言葉を、後の□□□から一つずつ選んで、記号を書きましょう。　24点(1つ4)

1　（①　　）したいものを決めて、情報を集め、パンフレットの構成を考える。

2　だれがどのページを書くかを決め、担当するページの（②　　）と、（①　　）する文章の構成を考える。

3　写真や（③　　）などの資料は、目的を考えて、より（④　　）なものを選ぶ。また、（⑤　　）するときは、かぎ（「」）を付けるなどして、元の文章などをそのまままぬき出す。

4　（①　　）する文章が書けたら、グループのみんなで（⑥　　）し、よりふさわしい表現に直す。

ア　図表	イ　推敲	ウ　割り付け	エ　効果的
オ　すいせん	カ　引用		

◎季節の言葉4　冬のおとずれ

3 次の文章の（　）に当てはまる言葉を後の□□□から一つずつ選んで、記号を書きましょう。　18点(1つ3)

日本のこよみでは、冬が始まる（①　　）から立春の前日までを「冬」といいます。冬の節気には、順に（①　　）小雪・大雪・（②　　）・小寒・（③　　）があります。（②　　）は十二月二十二日ごろで、一年中で（④　　）が最も短く、（⑤　　）が最も長い日です。（③　　）は一月二十日ごろで、一年中で最も（⑥　　）時期をいいます。

ア　昼	イ　夜	ウ　立秋	エ　立冬
オ　大寒	カ　冬至	キ　暑い	ク　寒い

数192ページ14行〜24行

◎ 次のおすすめパンフレットを作る文章を読んで、問題に答えましょう。

「アフリカン・シンフォニー」（吹奏楽曲）

「アフリカン・シンフォニー」は、高校野球の応援でよく使われるので、聞いたことがある人も多いのではないでしょうか。

たくさんの楽器が、力強いリズムを刻みます。それで、アフリカの草原を、動物たちがかけ回っているようです。それぞれの楽器の音色が重なるクライマックスの迫力には、圧倒されます。

聞き終わった後も、ずっと応援してもらえているような気持ちになれること、前向きな気持ちになれると、まちがいありません。

〈「おすすめのパンフレットを作ろう」より〉

どんなないようのパンフレットなのかな？

(1) この人は、どんな気持ちでこの音楽を聞いてほしいと思っていますか。次のうちから選んで、「〇」を付けましょう。（10点）

ア（　）前向きな気持ちになってほしい人。
イ（　）感動してもらいたい人。
ウ（　）応援してほしい人。

(2) この音楽を聞くと、どんな印象をうけますか。次のうちから一つ選んで、「〇」を付けましょう。（15点）

ア（　）力強いような印象。
イ（　）弱々しい印象。
ウ（　）こわいような印象。

(3) 読む人を引きつけるために、工夫している部分を、一文で探して、初めの五字をぬき出しましょう。（15点）

(4) この文章に合うのは、何の写真を付けるとよいでしょうか。次のうちから一つ選んで、〇を付けましょう。（15点）

ア（　）吹奏楽の写真。
イ（　）一つの楽器の写真。
ウ（　）動物園の動物の写真。

まとめ 6

ドリル 28

ぼくのブック・ウーマン／
おすすめパンフレットを作ろう

時間 20分　合格80点　／100

答え 91ページ

月　日

◎ぼくのブック・ウーマン／おすすめパンフレットを作ろう

1 次の□に合う漢字を書きましょう。　12点(1つ3)

① 英語に[や　く]す。

② 道を[わ　す]れる。

③ [だ　ん]炉を囲む。

④ 曲の[ば　ん　そう]を担当する。

◎ぼくのブック・ウーマン

2 次の文の意味を変えずに、──線の言葉と置きかえられるものを、下から選んで○を付けましょう。　12点(1つ4)

① みんなの前で委員長らしく<u>ふるまう</u>。
　ア（　）作業する
　イ（　）行動する

② 妹はかいた絵を<u>ほこらしげ</u>に見せた。
　ア（　）張り切って
　イ（　）得意そうに

③ 赤ちゃんの寝顔を見て<u>ほほえむ</u>。
　ア（　）にっこり笑う
　イ（　）大声で笑う

◎おすすめパンフレットを作ろう

3 次の──線の言葉の意味をそれぞれ選んで、○を付けましょう。　10点(1つ5)

① 友達に<u>すいせんする</u>本を決める。
　ア（　）よいと思うものを他人にすすめる。
　イ（　）欠点を直すように相手に言う。
　ウ（　）前もって教える。

② 書き上げた小説を<u>推敲する</u>。
　ア（　）周りの人にしょうかいする。
　イ（　）文章などを広く公開する。
　ウ（　）言葉や表現を練りなおす。

教科書 173〜193ページ

◎ ほんのべんきょう・ウォーク

4 次の文章を読んで、問題に答えましょう。

〔教科書 176ページ11行～182ページ4行〕

ぼくの父さんは、ラーメンの中の目に見えない仕事をする人だと思うようになった。

ラーメンの中のしるは、目に見えるけれど、そのしるのもとになる、だしをとる仕事は目に見えない。こんぶやかつおぶしを使って、だしをとるのは、とても大切な仕事だ。

女の人は、その宝物をうけとると、女の人のかばんの中にしまった。

女の人は、そのお金を使って、家で使う道具を買うのだろうか。それとも、だれかにあげるのだろうか。

ぼくは、この女の人が、古い食器を売ってお金にしたんだなと思った。そのお金を使って、新しい道具を買うのだろう。

家で使う道具には、いろいろあるけれど、女の人のように、古くなった宝物を売る人もいるんだなと思った。

「ラーメン一丁。」

父さんが言った。そのとき、ぼくは、父さんの背中の後ろから、勇気を出して言った。

「父さん。」

父さんは横を向いて、ぼくの顔を見た。

「うけとった野菜を、お母さんにわたしてきたよ。」

〔藤原容子「ぼくのわたしのおとうさん」による〕

(1) 「――」について、父さんはどんな仕事を持っていますか。11字で書きましょう。 [15点]

□□（ ）

(2) 「――」とありますが、当てはまる「ほんの」のうち、合うものを次から一つ選んで○をつけましょう。 [15点]

ア（ ）家でつかう買い物をするときに使う道具。

イ（ ）食器のような、家で買うこともある道具。

ウ（ ）仕事に役に立つ道具。

(3) 「――」とありますが、この女の人が「ソース」を見て、どのように思ったのですか。 [18点]

（ ）

(4) 「ロ」をなんとよみますか。 [18点]

（ ）

九月から十二月に習った 漢字と言葉

① 次の――線の漢字の読み仮名を書きましょう。　25点(1つ1)

（　）① 樹液　（　）② 値上げ　（　）③ 俳優　（　）④ 縮む　（　）⑤ 棒

（　）⑥ 熟す　（　）⑦ 寸法　（　）⑧ 痛み　（　）⑨ 傷つく　（　）⑩ 閉じる

（　）⑪ 翌日　（　）⑫ 縦横無尽（むじん）　（　）⑬ 山頂　（　）⑭ 忠誠　（　）⑮ 養蚕

（　）⑯ 玉石混交　（　）⑰ 苦楽　（　）⑱ 温泉　（　）⑲ 画一的　（　）⑳ 皿に盛る。

（　）㉑ 甲（こう）乙　（　）㉒ 国宝　（　）㉓ 聖火　（　）㉔ 拝む　（　）㉕ 預金

② 次の□に合う漢字を書きましょう。　30点(1つ2)

① 閲（えつ）□〔らん〕する。

② 大事な□□〔し げん〕。

③ 暑熱□□〔だ いや く〕

④ □□□〔し き し ゃ〕

⑤ □□〔ひ ひょう〕する。

⑥ □□〔わ か も の〕が集まる。

⑦ □□〔い しょ〕を残す。

⑧ □□〔き けん〕をさける。

⑨ □□〔さ とう〕をなめる。

⑩ ピアノの伴□〔そう〕。

⑪ □□〔ひ でん〕の方法。

⑫ 事故の□□〔し ぼう〕者。

⑬ □□〔こ め だ わら〕をかつぐ。

⑭ □□□□〔ゆ う びんきょく〕。

⑮ □〔わす〕れる

6 次の――線の漢字の読み仮名を書きましょう。 21点（1つ3）

① 下の地下道を使う。

② 行間の読み取りを実行する。

③ 下校時間に一生けんめいで生産する。

（答え欄）
□ □ □ □

5 次の――線の言葉を漢字で書きましょう。 8点（1つ2）

① 米をちょぞうする。

② プールにすいじょうきがたつ。

③ 会長にしゅうにんする。

④ やちんをはらう。

4 上の一字が下の語を打ち消す三字熟語になるように、□に当てはまる語を後から一つずつ選んで書きましょう。ただし、同じものは二度選んではいけません。 8点（1つ2）

［ 不　未　無　非 ］

① □制限

② □規則

③ □成年

④ □常識

3 次の熟語の成り立ちとして合うものを、それぞれ後から一つずつ選んで、〇を付けましょう。 8点（1つ2）

ア 似た意味の漢字の組み合わせ
イ 意味が対になる漢字の組み合わせ
ウ 上の漢字が下の漢字を修飾する組み合わせ
エ 下に「―を」「―に」に当たる漢字が来る組み合わせ

① 縦横　　（ア・イ・ウ・エ）　海底　温暖

② 決心　　（ア・イ・ウ・エ）

③ （ア・イ・ウ・エ）

④ ア 洗顔　イ 忠誠　ウ 親友　エ 最善　　山頂　登山

きほんドリル 30

詩を朗読してしょうかいしよう
知ってほしい、この名言
日本の文字文化／漢字の広場⑤

時間 15分 合格80点 /100

サクッとこたえあわせ

答え 92ページ

月　日

◎詩を朗読してしょうかいしよう／知ってほしい、この名言／日本の文字文化

1 次の――線の漢字の読み仮名を書きましょう。　6点(1つ2)

(　　　　)　　(　　　　)　　(　　　　)

① 朗読　　② 胸のうち。　　③ 片仮名

◎知ってほしい、この名言

2 名言についてしょうかいする文章を書くときの手順をまとめました。次の(　)に当てはまる言葉を、後の□□□から一つずつ選んで、記号を書きましょう。　18点(1つ3)

一　本やテレビ、インターネットなどで出会った言葉や、(① 　)の言葉で、「いい言葉だな。」と思うものを(② 　)などに書き出す。

2　集めた言葉を、「自分にとって(③ 　)か」「みんなに教えたいか」などの点から(④ 　)する。

3　(⑤ 　)や、言葉の意味、しょうかいしたい(⑥ 　)とあわせて書く。

| ア 大事 | イ 理由 | ウ ふせん | エ 整理 | オ 身近な人 | カ 出典 |

◎日本の文字文化

3 次の説明に合うものを、後の□□□から一つずつ選んで、記号を書きましょう。　12点(1つ2)

①(　)一字一字が意味を表す文字。

②(　)一字が意味を表さず、音だけを表す文字。

③(　)「波留」「奈都」のように、漢字の音を借りて日本語の発音を表したもの。

④(　)③をくずして書くところから生まれたもの。

⑤(　)③の形の一部を取って書くところから生まれたもの。

⑥(　)昔からある日本の言葉。和語。

| ア 平仮名 | イ 片仮名 | ウ 表音文字 | エ 表意文字 |
| オ 万葉仮名 | カ やまと言葉 | キ 漢字仮名交じり文 | |

4 次の漢字からできた仮名を、下の□□□から一つずつ選んで、記号を書きましょう。　12点(1つ3)

①(　)安　②(　)以

③(　)奈　④(　)保

| ア ホ | イ ナ | ウ い | エ あ |

5 ◎詩を朗読 じょうずにひょうげんしよう

次の詩を読んで、問題に答えましょう。

📖答え 196～197ページ

〈詩を朗読 じょうずにひょうげんしよう〉

こうして
ひるがえるのを
一つ

に
はおかねの
ために
おかねの

て

す

武鹿悦子

動物たち
の恐ろしい
夢のなかに

夢をみる
馬も
犬も

動物たち
の恐ろしい
夢のなかに

人間が
いませんように

川崎洋

〈ほ〉
ほ
ほ
ほうと
ほうと
むすびめが
ほどけて
ゆく
ほほ
ほほ
ほほ
はなびらが
ちってゆく
ほほ
ほほ
ほほ

八木重吉

---

(1) 「〈ほ〉」の詩で、くり返し出てくる言葉を、詩の中から四字でぬき出しましょう。 5点

[　　|　　|　　|　　]

(2) 「〈ほ〉」の詩で、「ぽぽ」は、何を意味していますか。次の中から一つ選んで、〇を付けましょう。 9点

ウ（　）過去の失敗。
イ（　）将来の希望。
ア（　）なかなか思い出せないこと。

(3) 「〈ほ〉」の詩で、「ぽぽ」が、何に「にげだす」様子を表していますか。詩の中の言葉で答えましょう。 10点

（　　　　　　　　　　に）

(4) 「動物たちの恐ろしい夢」の詩で、「動物たちの恐ろしい夢」とは、どんな夢ですか。「……夢。」に続くように、詩の中の言葉で答えましょう。 10点

（　　　　　　　　　　夢。）

(5) 「こうして」の詩の季節を、次の中から一つ選んで、〇を付けましょう。 8点

ア（　）春
イ（　）早春
ウ（　）夏
（　）晩春

(6) 「こうして」の詩で、「ひるがえる」という表現を、くり返し行うことで、辺りの静かな様子が出ています。 10点

60

1 次の——線の漢字の読み仮名を書きましょう。 4点(1つ2)

（　　　　）　　（　　　　）
① 演劇　　② 将来

2 次の意味に合う言葉を、後の◻◻◻から一つずつ選んで、記号を書きましょう。 15点(1つ3)

①（　）新しく組織を作ること。
②（　）番号を付けるなどしてわかりやすく並べて書くこと。
③（　）世界やものごと、人生などの原理を求める学問。
④（　）戦争をふくむ争いや対立を表す言葉。
⑤（　）人間の知能をコンピュータで再現する技術。

> ア AI（エーアイ）　イ 哲学（てつ）　ウ 箇条書き（かじょう）　エ 旗揚げ（あげ）　オ 紛争（ふんそう）

3 次の（　）に当てはまる言葉を、後の◻◻◻から一つずつ選んで、記号を書きましょう。 18点(1つ3)

① したいことでもできることを（　）してはいけない。
② もらった食べ物に地域性があるか（　）する。
③ まずは本当に（　）が出るかどうか考えよう。
④ 多くのデータをもとに、（　）策を立てる。
⑤ ふだんの生活で英語を話す（　）にはめぐまれない。
⑥ その考え方は（　）だが、楽しくなさそうだ。

> ア 利益　イ 効率的　ウ 混同　エ 対応　オ 機会　カ 調査

4 次の表現を使って、短い文を作りましょう。 7点

・かくまう

（　　　　　　　　　　　　　　　　　　　　　　）

〈進んで考えることにつなげよう。〉

だから、書いていくうちに、「いや、ちがう。」「こうではないか。」と考え直すことができるのです。

「こう考えているつもりだったけれど、失敗した。」「こうではないか。」と、何度も聞き取り直して、何かを発表する例えば、大勢の前で何かを発表する方法

友達とのつき合い方、部活動や勉強、自分の夢や将来のことなど、あなたはいろいろなことを考えているでしょう。それらは、たくさんのことが同時に頭の中に浮かんでいたり、何かと何かの関係がこんがらがっていたり、いろいろなことが混ざり合っていたりするものです。

何を三時間目にするか、と目的や計算をしてそっくりに似たものを作るのは、三時間かかったかもしれない。でも、三時間しかかからない、と考えられるのとでは、ずいぶんちがうものです。先輩は、「不安なら、もう一度『自分で』考えてごらん。」と言ってくれるはずです。

あなたは、何人以上の劇団を作って、何という作品を考えているか、ということだけを調べ、観客を何人以上よんで、どれだけの利益があるか、自分で調べてみることが大切だ、と先輩は考えているのでしょう。「それは、あなたの先輩は考えている」

---

5 次の文章を読んで、問題に答えましょう。

教科書206ページ5行〜207ページ11行

(1) 「それ」とは何を考えることですか。次から一つ選んで、〇をつけましょう。 12点

ア（　）自分たちの店をどんな店にしていくか、ということ。

イ（　）自分たちの店の近くに、どんな店があるか、ということ。

ウ（　）周りの人に気づかれないように、他の店が何を売っているかを調べるということ。

(2) 「せつめい」と「箇条書き」は、それぞれどんなちがいがあると筆者は考えていますか。次の（　）に当てはまる言葉を考えて書きましょう。 28点（14・14）

「せつめい」は（　　　　　）

「箇条書き」は（　　　　　）

(3) 「箇条書きにしてみる」とは、どういうことだと筆者は言っていますか。 16点

（　　　　　）

「考える」とは ②

❶ 次の文章を読んで、問題に答えましょう。

📖 教 208ページ8行〜209ページ9行

人のような見かけをもち、人と話をする人間らしいロボットの研究に取り組む現在では、五年生からの疑問であった「気持ち」や「考える」が研究テーマそのものになっている。人間らしいロボットを作るためには、人みたいに感じたり、考えたりできるよう、ロボットをプログラムしなければならない。そのためには、人の「気持ち」とは何か、人が「考える」とは何をどうすることなのかを、深く理解する必要がある。

これが、非常に難しい。これまでにも多くの研究者が、「考える」ロボットの研究に取り組んできた。だが、いまだ人間の「考える」には、ほど遠い。「考える」にも、簡単なものから難しいものがある。計算式をもとに正しく計算したり、多くのデータをもとに対応策を出したりすることは、何をどうするのかをプログラムできるから、ロボットにもできる。しかし、新しいアイデアを出すことが、よく分からないものの仕組みを理解すると、そういったことは、どのようにプログラムすればよいかが分かっていない。だから、ロボットには、できない。人間がプログラムできないので、ロボットは、人間のように「考える」ことができないのである。

（石黒浩「「考える」ことを考え続ける」より）

(1) 「人間らしいロボット」とは、どのようなものだと筆者は考えていますか。当てはまるものを次から一つ選んで、〇を付けましょう。　10点

ア（　）人のような見かけだが、感じたり考えたりできないロボット。

イ（　）正しく計算し、多くのデータをもとに対応策を出すロボット。

ウ（　）人間みたいに感じたり考えたりできるロボット。

(2) 「これ」とは、どんなことですか。　15点

（　　　　　　　　　　　　）

(3) 「ほど遠い」とは、どういうことですか。当てはまるものを次から一つ選んで、〇を付けましょう。　10点

ア（　）正確な計算をすることができないということ。

イ（　）人間の考えるという行動を再現できないということ。

ウ（　）気持ちを理解するのにかかる時間が長いということ。

(4) 「ロボットには、できない」とありますが、なぜですか。　15点

（　　　　　　　　　　　　）

↓裏のページに続くよ！

2 次の文章を読んで、問題に答えましょう。

教 210ページ・6行〜211ページ・10行

〈中満泉（なかみつ　いずみ）「行動を変える人が世界を変える」より〉

わたしたちの一人ひとりの行動が、何でこんなにも大きな流れを変えていくのだろうか。そしてそれは当然のことなのだろうか、という疑問があった。

国際赤十字を創立したアンリ・デュナンは、敵・味方を問わず傷ついた兵士をすべて救うという世界の流れを作った。その時代にはそれはとても危険なことだったし、自ら無理な家をすることもあったかもしれない。でも、助けを求めている人たちを見捨てられない、という人間としてのなにかがあったのだろう。その一人ひとりの行動が続いておおきなうねりとなり、「敵・味方を問わず」という社会を作り、今の時代にも受け継がれてきたのだろう。

むかしから、人間は「敵・味方」に分けて、味方を助け、敵を倒すということをしてきた。でもわたしたちは、もしかしたら「敵・味方」を問わず隣人を助けるという流れのなかにいるのかもしれない。

コンゴ系の男性が、その三人の妻のうち二人がツチ系であることを事務所の民族間の仕事にあたる私の同僚に話したという。ツチ系とコンゴ系は当時、国連ルワンダ難民キャンプで五〇年代からの起きていたツチ系とフツ系の民族紛争の時代を、隣人として住んでいたという。

日コンゴ系の男性は、「そのツチ系の女性たちを見捨てられない、連れて来てくれ」と難民キャンプに連れて来た人々である。

〈以下略〉

---

(1) 「ここ」とは、どこを指しますか。文章中から三十九字で探し、初めと終わりの三字をそれぞれ書きぬきなさい。(7点×2)

〜

(2) 「その」とありますが、あてはまるものを次から一つ選んで、○を付けましょう。(10点)

ア（　　）コンゴ系男性の三人の妻が、終わりのころにはツチ系だったこと。

(3) 「それら」が指すものを文章中から探し、あてはまるものを次から一つ選んで、○を付けましょう。(10点)

ア（　　）友人の妻として迎え入れた、民族が異なる人々。

イ（　　）自分たちの敵として暮らしてきた、同じ民族。

ウ（　　）たがいに隣人として暮らしてきた、民族が異なる人々。

(4) 「これら」が指すのはどのような人々ですか。(13点)

（　　　　　　　　　　　　　　　）

（　　　　　　　　　　　　　　　）

20点（10×2）

33 使える言葉にするために
日本語の特徴をとらえる

◎使える言葉にするために

1 次の——線の漢字の読み仮名を書きましょう。

22点(1つ2)

① （　　　）天皇　　② （　　　）皇后　　③ （　　　）陛下　　④ （　　　）憲法

⑤ （　　　）政党　　⑥ （　　　）内閣　　⑦ （　　　）改革　　⑧ （　　　）宗教

⑨ （　　　）垂直　　⑩ （　　　）地層　　⑪ （　　　）磁石

2 次の意味に合う言葉を、後の　　　から一つずつ選んで、記号を書きましょう。

27点(1つ3)

わからなかったら、国語辞典で調べてみよう。

① （　　　）おたがいに議論をたたかわせること。
② （　　　）文章や話の大事な筋道、だいたいの内容。
③ （　　　）液体が気体になること。
④ （　　　）当然やらなければいけないこと。
⑤ （　　　）大昔の生物が、地中で石のように固くなって残ったもの。
⑥ （　　　）絵をかくための紙。
⑦ （　　　）税金をおさめること。
⑧ （　　　）ある数を割り切ることができる数。
⑨ （　　　）自然界からとれる、何かを生産するもとになるもの。

```
ア　義務      イ　約数      ウ　化石      エ　要約      オ　要旨      カ　蒸発
キ　納税      ク　画用紙    ケ　資源      コ　討論
```

〜についた時にはすっかり降りやんでいたが、すぐに小雨になってしまい、……雨のように激しく降ってきた。……関係な……

◎ 日本語の特徴

③ 日本語の特徴を表す言葉と、それに近い意味を表す言葉について書かれた次の（　）に当てはまる言葉を、後の□□□から一つずつ選んで、記号を書きましょう。　21点（1つ3）

【文の組み立て】
・主語と述語の（①　）が、英語とちがうことが多い。
・修飾語などの（②　）。
・主語を（③　）ことが多い。

【表記】
・（④　）の多さ。
・言葉の（⑤　）の示し方。

【言葉の表現】
・（⑥　）をもとにした言葉が多いか。
・（⑦　）をもとにした言葉の表現が多いか。

```
ア 順序      オ まとまり
イ 区別      カ 述語
ウ 省略      キ 文字
エ 分野
```

日本語と英語の文を、簡単に比べてみましょう。

---

④ 次の特徴は日本語と英語のどちらのものですか。日本語ならア、英語ならイを（　）に書きましょう。　15点（1つ5）

① 文字の種類が多い。（　）
② 「です」「ます」などが文の初めに決まる。（　）
③ 「兄」「弟」などの言葉が「ブラザー」の一つの言葉で決まる。（　）

---

⑤ 次の（　）に当てはまる言葉を、後の□□□から一つずつ選んで、書きましょう。　15点（1つ5）

① 今日は朝から（　）が降っている。

② さっきまで晴れていたのに、（　）が降り出した。

③ 駅に着くと、バケツをひっくり返したような（　）だった。

```
にわか雨
小雨（こさめ）
長雨
どしゃ降り
```

34 大切にしたい言葉

時間 15分 合格 80点 /100
答え 94ページ
月 日
サクッとこたえあわせ

① 次の——線の漢字の読み仮名を書きましょう。 8点(1つ2)

① 体操 の選手。 （　　　　）

② 立候補 する。 （　　　　）

③ 担当 （　　　　）

④ 姿 を消す。 （　　　　）

② 大切にしたい言葉と、それに結び付く経験について書く文章は、どのような構成にすればよいでしょうか。次の（　）に当てはまる内容を、後の□□から一つずつ選んで、記号を書きましょう。 20点(1つ4)

① 初 め 　（　　　）

② 中 　（　　　）・（　　　）・（　　　）

③ 終わり 　（　　　）

```
ア 選んだ「大切にしたい言葉」についての説明。
イ 今後の生活に生かしたいことやまとめ。
ウ 選んだ言葉の、自分にとっての意味。
エ 結び付く経験と、そのときの思い。
オ 選んだ言葉に出会ってどう思ったか。
```

③ 読み合って助言するときは、どのような点に注意すればよいでしょうか。次の（　）に当てはまる言葉を、後の□□から一つずつ選んで、記号を書きましょう。 18点(1つ3)

・（①　　　）ところや（②　　　）ところはないか。

・（③　　　）書くとよいところと、（④　　　）書くとよいところはどこか。

・（⑤　　　）ことをふまえ、（⑥　　　）を変えたほうがよりよく伝わるところはどこか。

```
ア 伝えようとしている    イ くわしく      ウ 読みにくい
エ 表現          オ 分かりにくい    カ 簡単に
```

⑤ (二) この記事を読んだ人たちが、どのように言葉を……言葉の両方が大事だ。

（　　　　　　　　　）

⟨「大切にしたい言葉」より⟩

—— 体操選手の村上茉愛さん自身は……

村上さんは、同じ場面を何番も演じて……

……から。

⑤ 次の文章を読んで、問題に答えましょう。　📖223ページ

「日々の積み重ねが自信を作る」
二〇一四年十月十四日の朝日新聞で、体操選手の村上茉愛さんの記事を読んだ。その言葉は、私の日々の言……

(1) 「……言葉だ……」の言葉は、次のア～ウのどれに当てはまりますか。○を付けましょう。　7点
ア（　　）全部を付ける。
イ（　　）一部を付ける。
ウ（　　）二つに分ける。

(2) 「……言葉だ。」を、長く読む部分と短く読む部分に気を付けて、次の文に／（線）を付けましょう。　15点

日々の積み重ねが自分の自信につながっていくと聞いて、自分の考え方が変わりました。

---

④ 書き表し方を考えるときに、気を付けることはどのようなことでしょう。次の（　　）に当てはまる言葉を、あとの　　　から選んで記号を書きなさい。　32点(一つ4点)

・事実や経験を分かりやすく書く。
・文①（　　）に注意する。
・読み手に伝わるように、簡単に書きすぎていないか考える。
・②（　　）を使って表現したり、③（　　）で表したりして、表現を工夫する。
・④（　　）を選んで、伝えたいことを強調する。
・⑤（　　）に出して表現し、自分が表現したいことが正確に表せているか確かめる。
・⑥（　　）を考えて、読んだ人に伝わる言葉を使って表す。
・⑦（　　）を入れて言葉やその言葉のつながりを考える。
・⑧（　　）を入れて、表現を工夫する。

オ　リズム	ア
カ　語順	イ　ひびき
キ　適切	ウ　様子
ク　たとえ	エ　文末
	長さ

時間15分　合格80点　／100　サクッとこたえあわせ　答え 94ページ
月　日

❶ 次の――線の漢字の読み仮名を書きましょう。

4点(1つ2)

① 内容を 検討 する。（　　　）

② 専属 の医師。（　　　）

❷ 聞く人の心に届き、自分の思いを伝えられるようなスピーチをするとき、気をつけたいことを次から四つ選んで、○を付けましょう。

16点(1つ4)

ア（　）どんな場所で話すにしても、つねに一定の声の調子や大きさを保つようにする。

イ（　）話す場所によって、声の強弱や話す速さ、間の取り方を調整したり、表情や身ぶりなどの話し方を工夫したりする。

ウ（　）話の要点が聞き手に伝わりやすいよう、一つの資料に情報を入れすぎないよう気をつけたり、理解されやすい図や表などを用意したりする。

エ（　）前もってスピーチの題材や組み立てを決めないでおき、その場の雰囲気や聞く人の様子によって、内容を変更する。

オ（　）なるべく多くの情報を伝えることができるよう、早口で話すことを心がける。

カ（　）聞き手の表情や反応を見ながら、必要に応じて説明を補ったり、言葉をくり返したりする。

キ（　）用意した資料を、いつ、どのように見せるか考えておく。

❸ 次の言葉とほぼ同じ意味を表す言葉を、後の　　　から一つずつ選んで、漢字に直して書きましょう。

12点(1つ4)

① 用意 ＝　　　　　

② 組み立て ＝　　　　　

③ 関心 ＝　　　　　

┊ きょうみ　こうせい　じゅんび ┊

私たちが興味をひかれた仕事は、「管理栄養士」という仕事です。なぜなら、①──のマラソンの高田陽子選手を見ていると、その仕事の生活をささえているのが、管理栄養士だということを知ったからです。

高田選手は昨年の国際大会でかつやくしていました。でも、高田選手は不調で苦しんでいたそうです。②デ──高田さんを支えたのが、小鳥さんという管理栄養士の方です。小鳥さんは、食事のとり方から見直し、高田選手の体調をととのえていったそうです。

小鳥さんの言葉で私の印象に強く残っているのが、③「体はみんな、食べた物からできている」という言葉です。

（吹き出し）
なのはなぜかな。その仕事に関心をもったきっかけ

（吹き出し）
若木さんは「管理栄養士」という仕事に関心があるんだね。

（「今、私は、ぼくは」より）

---

(1) 文章中の①〜③は、若木さんが資料を提示しながら話すとして、次のア〜ウのどれですか。それぞれ記号で答えましょう。
30点（10×3）

ア
2021年7月	けがから不調に
2021年9月	食事の改善→小鳥さんへ
2022年1月	こんだてを作る 練習で成果
2023年4月	国際大会でかつやく

きっかけ

イ
小鳥みのりさん
マラソン・高田選手
専属の管理栄養士

ウ
体はみんな、
食べた物から
できている。

① （　　　） ② （　　　） ③ （　　　）

(2) ──②「体はみんな、食べた物からできている」とありますが、この表現を表している文を文章中から一文でさがし、──線を引きましょう。
10点

(3) 部③「体はみんな、食べた物から」とありますが、この言葉を若木さんが選んだのは、次のどれですか。次のア〜ウから選んで○を付けなさい。
15点

ア 高田選手の言葉だから。
イ 小鳥さんの言葉だから。
ウ 印象に残った言葉だから。

(4) 第一段落は、次のア〜ウのどれに当てはまりますか。一つ選んで○を付けましょう。
13点

ア
イ 感じたことだけ
ウ 伝えたいことだけ

◎ 漢字の広場⑤

1 ——線の言葉を、漢字を使って書きましょう。　18点(1つ2)

① 目がかゆいので、がんかいいんにみてもらおう。

② このレストランは、えいせい的だし、せつびも とても感じがいい。

③ このはんがはけっせい的で、ひょうばんがいい。

④ いきものの かがくが安定しない。

2 次の言葉を全て使って、短い文を作りましょう。　7点

・布　厚着

(　　　　　　　　　　　　　　　　　　　　　　　　　　　)

◎ 使える言葉にするために

3 ——線の言葉を、漢字を使って書きましょう。　20点(1つ2)

① 第一だんらくをようやくしよう。

② けんりときむを理解しよう。

③ せいとしゅうきょうは切り離す。

④ えんちゅうのたいせきを求めよ。

⑤ 古いちそうからかせきを発見した。

◎ 日本語の特徴

4 次の特徴は日本語と英語のどちらのものですか。（　　　）に書きましょう。　5点

・主語を基本的に省略しない。……（　　　　）

三つの文章はそれぞれ「考える」ことが必要になる場面だ。

行動をとれますか。

そうしてナースコールを押した人に、何が起きているのかを見にいくのは当然だと感じた時、あなたは看護師として、味方を救した人だと感じた時、その味方を作った国際赤十字を創立した人たちの世界の流れの中で生きている、そういう時代の社会を持つ人に、なれるかどうかという流……

（中満泉「考える」ことから世界を変えていく。」）

📖 211ページ 4行～10行

要点をちゃんと「考える」ために、大切なのは「何か」に気持ちを持ってあげることです。その「何か」は人間でも、ロボットでもいい、ポットでもいい。そういうものに気持ちを持つことから「考える」が始まる。人から見た人間、五年生から見たポットだから、「ロボット」という人間みたいなものを研究し、人間らしさの疑問に取り組む話を現在する……

（石黒浩「考えることを深く理解する必要が何気な」）

📖 208ページ 8行～209ページ行

なんでも計算機に似たりよったり、何人以上の劇団がある作品を考えることを続けていくためには、『不安な』という気持ちから、『安心』が生まれることもあります。

（鴻上尚史「なぜ『おもしろい』のか」）

📖 206ページ 6行～9行

なんでも計算機に似ているので、計算機以上の利益があるものは混……

⑤ 次の文章を読んで、問題に答えましょう。

（1）三つの文章に述べられている「考える」ことについて、それぞれ次の□に合うように、後の（ ）から選んで記号で答えましょう。（一つ8点）

鴻上さんの文章（一）は……と考えます。

考えるとは……（①）
実際に……（②）

石黒さんの文章……「ロボット」を深く理解する気持ちや「考える」ために必要な自分の思いだということ。

（③）
（④）

中満さんの文章……「考える」ことは自分の定義している内容を……するためにも必要であるということ。

（⑤）

（ ）
ア クイズ
カ 計算
ウ クイズ
エ 調査
オ 実現

（2）なぜ考えることは大切なのか。中満さんの文章から次の一つ選んで書きましょう。（10点）

ア 当たり前のように世界は変えられるから、行動するため。
イ 世界の流れに生きているから、それは複雑だから。
ウ なぜこうなるのだろうという疑問をもち、当たり前ではないことに生まれ、それを考えて世界を変えられるかという考えが付けにあるから。

時間 15分
合格80点
／100

サクッと こたえ あわせ
答え 94ページ

月　日

1 次の——線の漢字の読み仮名を書きましょう。 8点(1つ2)

① つり針 にかける。 （　　　）

② 灰色 のくちびる。 （　　　）

③ 興奮 する （　　　）

④ 殺さないで 済 む。 （　　　）

2 次の——線の言葉の意味をそれぞれ選んで、○を付けましょう。 6点(1つ3)

① 水中で事切れる。

ア（　）息が絶える。

イ（　）糸が切れる。

ウ（　）物事の決着がつく。

② 不意に夢が実現する。

ア（　）ときどき。

イ（　）だんだん。

ウ（　）突然。

「不意打ちにあう」という言葉もあるよ。

3 次の（　）に当てはまる言葉を、後の▭から一つずつ選んで、記号を書きましょう。ただし、一度選んだものは二度選んではいけません。 18点(1つ3)

① 岩かげにクエが（　　）。

② ゆっくりと糸を（　　）。

③ 大物を（　　）。

④ ぶっと声を（　　）。

⑤ 全てを（　　）。

⑥ 悲しみが（　　）。

| ア | たべる | イ | せまる | ウ | ふきあがる |
| エ | しとめる | オ | ひそむ | カ | もらす |

4 次の文の意味を変えずに、——線の言葉と置きかえられるものを、後の▭から一つずつ選んで、記号を書きましょう。 9点(1つ3)

①（　）兄の身長は、一メートル六十センチメートルは ゆうに こえている。

②（　）かれは委員会に出席こそしたが、何も発言しなかった。

③（　）近くに爆弾が落ちたかと思った ほど、大きな音がした。

| ア | くらい | イ | は | ウ | じゅうぶん |

↓裏のページに続くよ！

教科書 231〜246ページ

大物の父は、どうしてなのかな。いつもそうしてくれる。

〈立松和平「海の命」より〉

法のようがかりでも何だという引きさえ、目の色を切らない方がよいと、ロープを切る方法は、いつしか全身を動かしてエ夫していた。父が待っていた瀬の主へと巻いていくが、水の中では結局、ロープを切る方がよいと、ロープを切る方法は何で

光る事で、仲間たちがあるから漁師の海のため、不漁の海のためだったからだ。あの日から十日間続いた。父は十日間も「この海。」だと言いながらも、不漁の海のためだった。

父は緑色を切って父親のような目をして、ロープを引き空がかり父は夕方、瀬の船で帰ってきていた瀬の主へと見つめて、父は見つめていたのは、若いなりの先輩がいた。

もっていたのだろうと、父はなのだと言いながらも、メートル若い漁師になぞるように大物をとるなあるときは大物をとるべきだとあげに大物をとるためにはあるためにはエ夫だとエ夫だっているからなのだと言っていたのは大物の海へ速くへ

たもっていくのだろうと、海に住む父がなあのだと表情や季節や時間の海にすむ住む父と同じ顔で海へと言いながら、太一は好きだとも太一にとって父の間の流れにもすべて好きだとも太一も変わらない。太一もへ変わった

もともと父がなあったと、わたしが住む父がいても海へ

(1) 「大物」とあるが、この海で初めて表す一字を文章中からぬき出しましょう。初めの五字か □□□□□ 10点

(2) 父の漁の技術が高いことを表す一字を文章中からぬき出しましょう。初めの五字 □□□□□ 10点

(3) 「海のめぐみ」を表す五字を文章中からぬき出しましょう。初めの五字 □□□□□ 10点

(4) 「瀬の主」について、この海にすむ大物という、その日の感謝のめぐみへの自信をもつ次から選びましょう。
ア（　）　イ（　）　ウ（　）14点
ア 大物をつり上げるという、大きな魚だとしても、大物をとる父のめぐみへの気持ちがあるから。
イ 大物だけでも大きな海のため、海のための修業を身につけるという自信。
ウ よい技術で、大物をつり上げる海への自信を積み

(5) 「たロープを切る方法」について、切る方法は何ですか。□□□□ 文章中の「主」を表す不信より、その日の感謝のみを。15点

74

38 海の命 漢字の広場⑥(2)

◉漢字の広場⑥

❶ ——線の言葉を、漢字を使って書きましょう。

33点(1つ3)

① さくらそうがいっせいに集まる。

② 旅のけいけんをもとにきこうぶんを書く。

③ しゅうがくりょこうで しんかんせんに乗る。

④ 商品をていかでよくせんでんする。

⑤ きほん的な方針をとういつする。

⑥ たいしを胸に卒業する。

❷ 次の言葉を使って、それぞれ文を作りましょう。

16点(1つ4)

① 桜　校舎

(　　　　　　　　　　　　　　　)

② 友情　永久

(　　　　　　　　　　　　　　　)

③ 責任　報告

(　　　　　　　　　　　　　　　)

④ 団結　圧勝

(　　　　　　　　　　　　　　　)

◎ 海の命

③ 次の文章を読んで、問題に答えましょう。
（教科書 234ページ9行〜236ページ2行）

太一は中学校を卒業する年の夏、与吉じいさに弟子にしてくれるようたのみに行った。与吉じいさは、太一の父が死んだ瀬に、毎日一人でもぐりに行っている漁師だった。

「弟子になりたいのですが。」

与吉じいさは、太一が会いに来たのだということは、すぐに分かった。無理だとも言わず、与吉じいさは海に魚を遊ばせているかのようだった。たきの魚がつり糸を引いて取られるのを待っていた。

自然な様子で魚を海に遊ばせながら、つり針にえさを付け、つり糸をたぐっていた。与吉じいさは仕事を上げることはない。ただ海に糸をたらし、つり針にかかった魚を外に投げてやり、また糸をたらす。与吉じいさはほとんど言葉を口にしなかった。

やがて、つり糸が五十ぴきほどたまった。

与吉じいさは尾をふっている魚を、甲板に打ちつけて、船全体がタンタンと鳴りひびくほどの金色のゆれ——共鳴——が上をねらっていた。光り針で与吉じいさは、それに気づかず……。

〈立松 和平「海の命」より〉

（1） 「与吉じいさ」と「太一」の父は、どんな関係だった人物かが分かるように書きましょう。　15点

（　　　　　　　　　　　　　）

（2） 「もぐり漁師……」とありますが、このもぐり漁師の考えや行動が表れている与吉じいさの言葉を、文章中から一文で探し、終わりの五字を書きぬきましょう。（「。」もふくむ）　10点

（3） 「共鳴……」とありますが、共鳴を表現している言葉を、次から一つ選びましょう。　11点

ア（　）船が大きくゆれること。
イ（　）タイが大物であること。
ウ（　）タイが大きくつりあげられること。

（4） 「タイ」について、次の〇に〇を付けましょう。ただし、「タイ」は一ぴきではありません。次から一つ選んで〇を付けましょう。　15点

ア（　）むだに命を殺しますか。
イ（　）必要な分だけしか海へ出かけていかないので。
ウ（　）最初から自分だけの魚だと決めていないので、その季節にいちばんよく取れる同じ海の魚だったから、立派なものとは思わないので。

海の命
漢字の広場⑥

時間 20分
合格80点
／100
答え 95ページ
サクッと
こたえ
あわせ
月　日

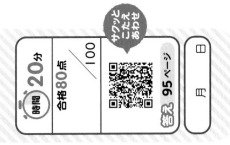

◉海の命

1 次の□に合う漢字を書きましょう。　6点(1つ2)

① [しお] の流れ。

② つ[はり]

③ ほら[あな]

2 次の——線の言葉の意味をそれぞれ選んで、〇を付けましょう。　12点(1つ4)

① 達人でも名人でもないのに弟子を取ることなんて考えられない。

　ア（　）自分の技術と知識で養うべき家族。

　イ（　）自分の技術や信念を伝えるべき相手。

　ウ（　）自分の仕事を手伝ってくれる相手。

② いつの間に屈強な肉体を作り上げていた。

　ア（　）前かがみで姿勢がよくない。

　イ（　）がっちりしていて力が強い。

　ウ（　）あらあらしくておそろしい。

③ 取り返しがつかないことをしたことをさとる。

　ア（　）理解する。

　イ（　）想像する。

　ウ（　）計算する。

◉漢字の広場⑥

3 次の言葉を使って、それぞれ文を作りましょう。　12点(1つ4)

① 所属　得意

　（　　　　　　　　　　　　　　　　　　　　）

② 構成　編集

　（　　　　　　　　　　　　　　　　　　　　）

③ 恩師　授業

　（　　　　　　　　　　　　　　　　　　　　）

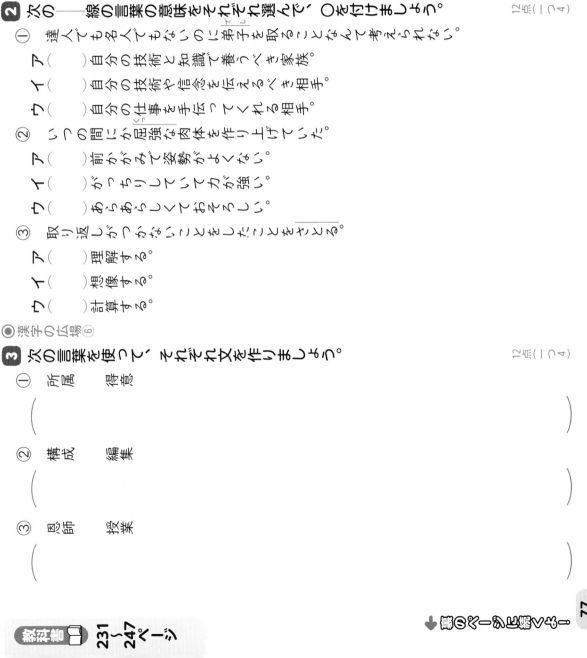

↓裏のページに続くよ！

〈立松和平「海の命」〉

　永遠にここにいられるような気さえした。しかし、息が苦しくなって、また太一は銀色の腹をゆっくりと動かして、同じ所にいた。目をしばたたくこともなく、全く動こうとはせずに太一を見ていた。おだやかな目だった。この大魚は自分に殺されたがっているのだと、太一は思ったほどだった。

　この魚をとらなければ、本当の一人前の漁師にはなれないのだと、太一は泣きそうになりながら思う。水の中で太一はふっとほほえみ、口から銀のあぶくを出した。もりの刃先を足の方にどけ、クエに向かってもう一度えがおを作った。

　「おとう、ここにおられたのですか。また会いに来ました。」

　こう思うことによって、太一は瀬の主を殺さないで済んだのだ。大魚はこの海の命だと思えた。

---

4 ●海の命

次の文章を読んで、問題に答えましょう。

教 240ページ14行〜243ページ4行

（1）──「青い目」は何を指していますか。
（10点）

[　　　　　　　　　　　]

（2）──の太一の気持ちを表すことばを文章中から五字でぬき出しましょう。
（12点）

（　　　　　　　　　　　）

（3）「それからずいぶん時間が過ぎた」とありますが、どのような時間が過ぎたのですか。初めの五字を文章中からぬき出しましょう。
（12点）

[　　　　　　　　　　　]

（4）──「この大魚は自分に殺されたがっている」と太一が思った理由を書きましょう。
（12点）

（　　　　　　　　　　　）

（5）──「太一は瀬の主を殺さないで済んだ」のはなぜですか。
（12点）

（　　　　　　　　　　　）

（6）太一の気持ちが大きく変わるところはどこですか。その初めの五字を文章中からぬき出しましょう。
（12点）

[　　　　　　　　　　　]

きほん ドリル 6

40 中学校へつなげよう
生きる
人間は他の生物と何がちがうのか

時間 15分　合格80点　／100

サクッと こたえ あわせ

答え 95ページ

月 日

◎中学校へつなげよう

1 次のことについて、大切なことを書きましょう。　18点(1つ9)

① 話すとき（話す・聞く）

（　　　　　　　　　　　　　　　　　）

② 説明する文章を読むとき（読む）

（　　　　　　　　　　　　　　　　　）

◎生きる

2 教科書252ページ〜255ページの詩「生きる」（谷川俊太郎）を読んで、次の問いに答えましょう。

(1) 詩の第一連、第三連には、どんな内容が書かれていますか。下の□□から1つずつ選んで、記号を書きましょう。　12点(1つ6)

第一連…（　　）
第三連…（　　）

> ア 人の感情表現
> イ 地球上の芸術作品
> ウ 人が体で感じる感覚や動作

(2) 第二連の「美しいもの」（教科書253ページ9行）の例として挙げられているものを、全て書きましょう。　10点(完答)

（　　　　　　　　　　　　　　　　　）

(3) 「生きているということ」のうち、作者が「人」であるからこそであると特に考えることは何でしょうか。詩の中の一行をぬき出しましょう。　10点

（　　　　　　　　　　　　　　　　　）

◎人間は他の生物と何がちがうのか

3 次の言葉と反対の意味を表す言葉を、後の□□から1つずつ選んで、記号を書きましょう。　9点(1つ3)

① 地味 ↔ （　　）　② 権利 ↔ （　　）　③ 進化 ↔ （　　）

> ア 派手　イ 退化　ウ 根源　エ 義務

〈ヒント〉「人間は他の生物と何がちがうのか」

一つめは、人間は、物事を知るための道具として、言葉を発明したということです。そのうえ、言葉は世界にただ一つの発明品ではなく、世界にはいくつもの言葉があります。例えば、物事を知るための名前のついた道具である言葉は、発明するまでのプロセスにおいて、人間だけが思考のうえで使えるものであり、人間は言葉を発達させてきたのでしょう。

それには、それぞれの言葉が自由に選べるものであり、そこにも人間だけが自由に選んでいます。こうした言葉は、物事を解明したり、名前をつけたりするための道具です。その仕組みがあるので将来にも合わせていくことができるのです。わたしたちの人権というものが生まれてきました。

基本的人権は、すべての人間に平等に与えられている大切な権利であり、それを認め合うこと、人間は無二の命をもっていると認識すること、そして、それぞれの命が最も尊重され、平等にあり、一人一人の命が最も重要であると考えます。それには、障害の有無や、年齢や、人種によって命を分け隔てしてはならず、自分の命も他人の命も同じように大切であると考えます。

他の人間によりも種の保存という生物は、種として自分の命も個体として守ろうとしますが、ミツバチやチンパンジーなどの人間は、私たちも、個体の特性がちがっても、他の人間に比べてチンパンジー、ミツバチ、ヒトなどは種として個体としても生き、個体の特性がある生物には種として個体の価値を置きます。

教科書258ページ〜行〜260ページ〜行
次の文章を読んで、問題に答えましょう。

（1）「人間」は、他の生物に比べてどういう特性があると考えられていますか。次から一つ選んで、○を付けましょう。

ア（　）人間は、ミツバチやチンパンジーより、種の保存という考えよりも、個体の命を守るための方が大事という考えがあるから。

イ（　）本的な人権の保存という考えにおいて、人間も種として見るより、一人一人の命を個体として守るための方を重んじるから。

ウ（　）他種より、人間は、種として個体としても自分の命を重んじ、一人一人の命を基本的人権として重んじるから。

（2）「基本的人権」は何を大事だと考えるものですか。
（　　　）の命と、（　　　）の命を同じように、一人一人の命を自由で平等で重んじるという考え。

（3）「進化の過程で、人間だけが発明するものは」とありますが、本文中から、何を発明するとありますか。

（4）「物事を解明したり、名前をつけたりする」とありますが、その仕組みを説明した一文を文中から書き出しましょう。

六年生で習った漢字と言葉

❶ 次の——線の漢字の読み仮名を書きましょう。　25点(1つ1)

① 並べる（　　）
② 反射（　　）
③ 以降（　　）
④ 異なる（　　）
⑤ 干す（　　）

⑥ 吸う（　　）
⑦ 机（　　）
⑧ 牛乳（　　）
⑨ 探す（　　）
⑩ 暮らし（　　）

⑪ 警察署（　　）
⑫ 忘れる（　　）
⑬ 装置（　　）
⑭ 姿（　　）
⑮ 洗顔（　　）

⑯ 批評（　　）
⑰ 閉じる（　　）
⑱ 改善点（　　）
⑲ 至急（　　）
⑳ い筋（　　）

㉑ 鉄鋼（　　）
㉒ 欲求（　　）
㉓ 穀物（　　）
㉔ 磁石（　　）
㉕ 価値（　　）

❷ 次の□に合う漢字を書きましょう。　15点(1つ1)

① 本を〔しょぞう〕する。
② 〔じまく〕を読む。
③ 刺し〔げき〕が強い。

④ 〔ぎもん〕を述べる。
⑤ 〔けんばいき〕
⑥ 〔すいり〕小説

⑦ 枝が〔た〕れる。
⑧ 時間の〔えんちょう〕。
⑨ 〔きょうてき〕

⑩ 〔ひていてき〕
⑪ 〔きちょう〕な品。
⑫ 手紙が〔とど〕く。

⑬ かぜの〔かんびょう〕。
⑭ 〔たんじょう〕する
⑮ 〔こうふん〕する

⑦

③ 運動会の日はコ定する。
② 本棚だりにする。
① 独り言を言う。

次の——線を漢字に直しなさい。正しいものを一つずつ選んで○を付けましょう。(6点 1つ2)

ア（　）精　イ（　）事
ア（　）　イ（　）
ウ（　）

③ 静（　）攻
② 晴（　）個　言
①
精（　）固　事

⑥

次の各組の——線の漢字のうち、読み方が他と異なるものを一つずつ選んで○を付けましょう。(6点 1つ2)

③ ア（　）調子　イ（　）気配　ウ（　）家事
② ア（　）様子　イ（　）空気　ウ（　）家屋
　 ア（　）精子　イ（　）気分　ウ（　）家賃
① ア（　）養子　イ（　）気分　ウ（　）家賃
　 エ（　）骨子　エ（　）気骨　エ（　）家族

⑤

次の各組の——線の漢字のうち、読み方が他と異なるものを一つずつ選んで○を付けましょう。

進退	出国
損失	最新
誤字	開閉
造船	往復
絵画	総画
表現	
入院	再会

④ 漢字の上に「——を」「——に」を付けて意味が通る、下に来る漢字の組み合わせ
③ 上の漢字が下の漢字を修飾する関係
② 意味が対になる漢字の組み合わせ
① 似た意味の漢字の組み合わせ

（　）（　）（　）
（　）（　）（　）
（　）（　）（　）
（　）（　）（　）

(24点 1つ2)

⑤（の）

次の成り立ちは、——線の漢字一字の熟語を、後の□から一つずつ選んで書きましょう。

③ ほうべは裏山に生えた木の幹にカブトムシを見つけた。
② ほうべは母がかってくれたデザインのスカートを着る。
① 姉は母がかってくれたデザインのスカートを着る。

（　　　）（　　　）（　　　）

(12点 1つ4)

④

次の——線の語の記号を書き出しましょう。主語を……。

② 創

（　　　）□□
□□

(12点 1つ4)

③

次の漢字の部首名を□に書きましょう。また、その部首をもつ漢字を一つずつ選んで書きましょう。

① 肺 □

(12点 1つ2)

82

●ドリルやホームテストが終わった
ら、答え合わせをしましょう。
●まちがっていたら、必ずもう一度
やり直しましょう。**考え方**も読み
直しましょう。

>1 漢字の復習　1〜2ページ

❶ ①肥料　②停車　③桜　④改築
　⑤防災　⑥調査　⑦新婦　⑧禁止
　⑨保護　⑩往復　⑪河口　⑫水質
　⑬歴史

❷ ①句会　②復旧　③原因　④燃える
　⑤県境　⑥囲む　⑦比べる　⑧銅像
　⑨酸味　⑩規則　⑪祖父　⑫仮面
　⑬余る

❸ ①貸す　②条件　③許可　④断る
　⑤似顔絵　⑥確かめる　⑦可能
　⑧増やす　⑨大勢　⑩混雑　⑪順序
　⑫支える　⑬略図　⑭減らす
　⑮暴風雨　⑯飼う

❹ ①快適　②感謝　③再会　④正義
　⑤限界　⑥久し　⑦迷う　⑧険しい
　⑨非常　⑩枝　⑪招待状　⑫現れる
　⑬夢　⑭喜ぶ　⑮破損　⑯博識

考え方

❶ ⑦「新婦」は、花よめのこと。花む
このことは「新郎」といいます。

❷ ③「原因」の反対は「結果」です。
⑦「比らべる」などとしないように注
意しましょう。

❹ ⑫「現れる」は、かくれていたものが
見えるようになるときに使います。

>2 漢字の復習　3〜4ページ

❶ ①税金　②質素　③制作　④設営
　⑤主張　⑥述べる　⑦準備　⑧貿易
　⑨輸入　⑩政治家　⑪賛成　⑫指示
　⑬鉱物

❷ ①武士　②報道　③資料　④測る
　⑤正解　⑥利益　⑦逆転　⑧版画
　⑨小麦粉　⑩評判　⑪効く
　⑫価格　⑬応対

❸ ①厚着　②清潔　③夕刊　④均一
　⑤布　⑥採る　⑦半額　⑧接客
　⑨興味　⑩領　⑪豊富　⑫個性的
　⑬弁当　⑭貯　⑮血液型　⑯編む

❹ ①職務　②修学　③団結　④統一
　⑤習慣　⑥大志　⑦証書　⑧圧勝
　⑨師　⑩基本　⑪所属　⑫総力
　⑬経験　⑭新幹線　⑮授業　⑯効率

考え方

❶ ③芸術作品などをつくる場合は「制
作」、器具などの実用的なものをつく
る場合は「製作」と書きます。

❸ ④「均」の字形に注意しましょう。⑥
「採集する」「採用する」などの意味の
「とる」は、「採る」と書きます。

❹ ④「統一」は、ばらばらのものを一つ
にまとめあげることです。

>3 きほんのドリル　5〜6ページ

❶ ①すな　②す　③ちいき　④ほうもん

考え方

「ち」がへんです。
(3)人で打つ「ピンポン」は、ボールを放って、「ピン」「ポン」と音も周囲の壁に打ち当てられて、後ろからへ向かってくる。

3
(1)る。その「足音」は「ピ」と、後ろからへ向かってくる。

5 ウ
4 (3)ビー (2)一・キャー・ボー (3)壁打ち
律のきまりが等しくなければ、ピンポンのように周囲の壁打ち

3
(1)例律のきまりが等しくなって
① オ ② ア ③ ウ ④ カ ⑤ エ ⑥ イ

2
① イ ② ア ③ ウ ④ ウ ⑤ イ

1 イ

きほんのドリル 7〜8ページ

を表している。
(4)かたい「ビー玉」は
(2)その後に感じるのは「ピン」と、周囲が前へ進んでいく気持ちよさを表している。作者は、それを「ピン」「ポン」と書いている。

考え方
(4)第二連の「ピン」と、第二連の「ポン」は、対等に思い・へる。
(3)半早子 (2)例 周囲の「ヘン」の差が広い
様子。

2
(1)飛び上がって
(2)だん
(3)初めて
(4)ウ

3
イ
ウ

きほんのドリル 11〜12ページ

4
(1)天気雨
(3)きよ イ・へ ん ア
(2)に・ん か・り

3
(1)か け ウ
(2)う す
求

2
(1)晴 (2)清 (3)静

1
例 満開の桜の木の下で、友人たちと

例 国道を開いて起きた事故の原因
例 お寺で努めている仏像などの文化財の保険を検証している。会

まとめのドリル 11〜12ページ

もとのドリルですが、形のものです。
(1)「しんにょう」は「心」、(2)「て」は「手」、(3)「だ」は「にくづき」、(4)「カ」は「肉」、(5)「リ」は「刀」

考え方
読む部分をもつ漢字は、同じ読み方をする漢字も多くあります。「カ」は同じ読みな

6
① オ ② ウ ③ エ ④ カ ⑤ イ ⑥ ウ

5
① イ・り ② こ・う・ん ③ り・ぶ ④ ウ・り

4
(1)則 (2)貨 (3)化
(1)測 (2)花
(1)側

3
① エ ② ウ ③ ア ④ イ ⑤ カ ⑥ ウ

2
(1)耕し (2)肥料・団地
(3)検証・人居・事故

きほんのドリル 9〜10ページ

1
① でん ② きゅう ③ ④ へ ん か ⑤ ⑥ ⑦ ⑧ ⑨ ⑩ ⑪ ⑫

(2)例ピンポン球のことばかり考えていたから。

(3)ウ

(4)例晴れと雨のどちらも好きっていうこともあるということ。

(5)例すがすがしいえがお。

考え方

4 (3)直前に「何もかもがむしょうにおかしくて」とあるので、その前に書かれている内容を読み取りましょう。雨がすぐにやんだことがおかしかっただけではありません。

(4)直前の律の言葉に対して「そうだ」と思っています。直後にも「晴れがいいけど……どちらも好きっていうこともある」とあります。

7 きほんのドリル　13〜14ページ

1 ①わたし[わたくし] ②みっせつ
③よ ④こきゅう

2 ①ア ②ウ ③イ

3 ①イ ②ア ③ウ

4 (1)楽しい気持ち[愉快な気持ち]

(2)えがお

(3)例脳が、えがおから「今、自分は笑っている」と判断し、笑っているときの心の動き、つまり楽しい気持ちを引き起こしたから。

(4)(右から順に)4・2・5・1・3

考え方

2 ③漢字を当てると「心地よく」です。

4 (1)ここでは、笑うことと「楽しい気持ち」を例に挙げて「体の動き」と「心の動き」の関係を説明しています。

(3)直後の「このとき……のです。」の文からまとめましょう。「えがおから」は「表情から」としても正解です。

8 きほんのドリル　15〜16ページ

1 ①ウ ②カ ③ア ④オ ⑤イ ⑥エ
(①と②は順序なし)

2 ①そんなら ②こいつ ③けさ
④かんたん ⑤つくえ ⑥むずか
⑦ぎもん

3 ①ウ ②ア ③エ ④イ

4 ①ウ ②ア ③イ

5 (1)①イ ②ア ③イ ④ア ⑤イ
(2)1ゲームに夢中になっているとき
2逆に、さむいときです。

考え方

4 ①② 「だから」や「すると」は、前の文が理由になる内容や、前の文から予想されることが後に来るとき、「しかし」や「けれども」は、前の文と反対のことや、前の文からは予想されないことが後に来るときに使われます。③後の文が前の文の説明になっているので、「つまり」が入ります。

5 (1)第一段落の内容とていねいに照らし合わせていきましょう。

(2)1「後の文の「例えば」に続けて、より具体的な事例が述べられています。2直後に「このようなことが起こるは、……ため、だと……」とありますが、時間を気にする回数が増える理由も書かれている末尾の二文が答えです。

9 きほんのドリル　17〜18ページ

1 ①けんばうき ②いしょう ③りは
④けっちゃくし ⑤せんとう ⑥こと
⑦しゅつのう ⑧そ ⑨く ⑩だか
⑪せうじ ⑫おさな

2 ①イ ②ウ

3 ①修飾する言葉…母が買ってきた

踏まえ、それぞれの言葉の違いをイメージしやすく、説得力のあるメッセージとなっている。

④ 食料が遠くで売られているという『地産地消』の考え方とは……。「地産地消」の考え方とは、達成は難しくても。

❶ (1) 食料・しょくりょう
(2) とい

❺ ① イ
② ア・カ（順序なし）
③ ウ・エ（順序なし）
④ ウ・オ（順序なし）
⑤ イ

❹ ① ウ ② ア ③ イ ④ エ ⑤ カ

❸ ① ア ② ウ ③ エ ④ ア ⑤ オ

❷ は

「きほんのドリル」 10. 19〜20ページ

❹ 考え方
(2) 短歌は五・七・五・七・七の形式で……二行に区切り、言葉の意味を考えて、五・七・五・七・七の音を数えて……。第二句の「楽しも」は「た」の音、第三句の「みし」は「み」の音が第三句の最初の音にあたります。第四句は「た」が下の句の最初の音に当たります。一行目が……。
(3) 第四句は「楽しも」、下の句の最初の音「た」が……正解です。

❺ (3)
❹ (1)
一 草は朝……第二句……第三句……第四句……A妻子を含む
日輪は楽し……無しきおらび……朝頭なし……飛ぶ
朝……妻子を含む飛ぶ
次第にのぼり
東は……のみにしぬ
後半……

(2) A妻子 B妻子を含む飛ぶ
(1) 述語……言葉は「コート」だ
② 修飾語……私は
述語……飛ぶ

理由です。(3)「欠け」という意味です。「(ニ=)不可」……同じ時間の計画で、複数の人が作業に正確にとりかかるので、『全体の時間』が長いということが難しい『時間』と同じ。(3)「ている」とあり……限定している。第二段落に……。

(2) 一文目の文脈と最後の文を加えてまとめましょう。第二段落に……気分がよく消えない。

(1)「たとえば」とあり……何をおいてもという……筆者の考えが……生き生きとしているというボイントです。「楽しい」というのは……動きを……動きのポイントです。「楽しい」……動きが生まれるということが……動きのポイントです。

❸ 考え方
(3) エ・ア
(2) イ

---

11. 「まとめのドリル」 21〜22ページ

❶ (1) 弟が ③見 は
(2) 庭は ②新聞を
(3) 父今朝が ③新聞を読んだ 私は

❷ ① 例 お母さんが図書館を……例 お母さんがプールに……私は
② 例 新聞を……例 今朝父が新聞を見た

❸ (1) 例 体の動き……そのいろいろな動きを見ているだけで……。
(2) 例 お母さんの動きにどんな動きをしているのかということが生き生きと……お父さんの動きに好きな……。

❹ (1) みんなから気にかけられているという気分がよく、消えない楽しさがあるから……。その動きを見ているだけで楽しい。
(2) 図に……動きもそれにつれて動いている。

考え方
(1) みんなから気にかけられているという気分がよく、消えない楽しさがあるから。

86

12 きほんのドリル　23〜24ページ

❶
①そうち　②とど　③そ　④さんかつ
⑤うちゅう　⑥はいく　⑦じまく
⑧まぎはん　⑨もけい　⑩まじぐち
⑪の　⑫ぎろん

❷　①ウ　②エ　③イ　④ア

❸　①イ　②ウ　③ア

❹　(1)ア
(2)目
(3)例 星はさわることもできないし、昔を出すものでもないから。
(4)ぼつぼつとならんでいる点を六個組み合わせて表した、視覚障害者用の文字。

考え方
❹　(3)目の見えない人にとっては、星はさわることができないので形をイメージすることもできませんし、音を出さないので音の持ちようを知ることもできません。言葉で想像するしかなかったのです。

13 まとめのドリル　25〜26ページ

❶　①装置　②沿　③俳句　④字幕
⑤模型　⑥議論

❷　(1)・①段落…イ
・②段落…ウ
・③段落…ア
(2)これらのような、新たな視点をあたえてくれる本は、ぼくにとってとても大切なものです。

❸　(1)ア
(2)例 暗やみにいると、ふだんより周りの音がよく聞こえてきたり、他の感覚が敏感になったりするから。
(3)例 ぶつぶつの絵の上にでこぼこの絵が重なっていて、文字の上にも点字があるので、目が見える人も見えない人も同じように楽しめる絵本。

考え方
❸　(1)星の光は見えますが、星そのものを肉眼で見ることには限界があります。
(2)直前の部分に、筆者の考える理由が書かれています。実際に明るいところから暗いところへ行くと、かすかな物音が聞こえるようになるなど、周囲の出来事に対して敏感になります。

14 夏休みのホームテスト　27〜28ページ

⭐️1　①してん　②すな　③みと
④たんじゅん　⑤した　⑥われわれ
⑦でんしょう　⑧じょうき
⑨しゅうしょく　⑩いちょう
⑪じこく　⑫げき　⑬かんたん
⑭むずか　⑮けんぽうき　⑯りっぱ
⑰そ　⑱せっき　⑲しょうちちょう
⑳そうち　㉑とど　㉒まぎはん
㉓もけい　㉔の　㉕ぎろん

⭐️2　①腹　②階段　③地域　④訪問
⑤心臓　⑥私　⑦密接　⑧呼吸
⑨存在　⑩疑問　⑪故障　⑫提供
⑬宣言　⑭尊重　⑮宇宙

⭐️3　①イ・え　②ウ・あ　③エ・う

⭐️4　①食べた　②降り注ぎ　③泳ぐ
④張り直した　⑤上がり続ける

⭐️5　①例 兄がわたしの部屋にきた。わたしが持っているマンガを借りるためだ。
②例 わたしは買ってきた本を本だなにしまった。その本だなは父が誕生日にくれたものだ。
③例 ぼくは友達と神社にお参りをした。その神社は近所に昔からある。

【右ページ】

④
①イ
②ウ

③
①エ
②ア
③オ
④イ
⑤ウ

②
①あ
②ね
③つよい・からくに

1
①だ
②ね
③つよい・からくに

■ きほんのドリル 16 31~32ページ

考え方
わたしは「にんげん」という名前にふさわしく、自分だけの生き方を持つようになれるのだと考えます。
行動していくことで、自分だけの名前にふさわしく自分だけの生き方を持つようになれるのだと考えます。

だれにもにんげんの名前を名前にふさわしく真剣に考え、「わたし」は「草」になれないことを考えよう。

2
だれがよんだとしても「草」になれないこと。長い間、長い歴史もない小さな生き物、動物、植物、作者の思いを読みとります。

1 考え方
「二つの～」の文の「岸」だけられた言葉

(3)
名前にふさわしくなるということ。

(2)
図工 何千万もの一人一人の人間の一枚のポプラの葉のように

2
ア①
イ③

1
①二つの～三しずむ
②清水・ねむる
③だれにもにんげんの

■ きほんのドリル 15 29~30ページ

考え方
「じんぞう」は、それぞれの漢字の説明である。「腸」「肺」「腹」などの漢字がある。

5

【左ページ】

(2)
イ①
エ②
ア③
ウ④
オ⑤

4
(1)
イ①
ア②
ウ③

3
ア①
イ②
ウ③
エ④
オ⑤

2
①う
②ほ
③じゅ
④へ
⑤近

■ きほんのドリル 18 35~36ページ

考え方
引用するときは、自分はどうかと、自分の意見が分かるよう、自分の意見が引用した意見と分かるように書いて、伝えてみよう。

6 考え方

7
①大勢
②祖父
③絵・顔・似
混雑・銅像
略図
断・確かめる
留める

6
①エ
②ウ
③ア
④イ

5
①ア
②イ
ア

4
①ウ
②イ
③エ
④ア

3

2
①退ける
②値上
③資源
④俳優
⑤驚

1
①厳しい
②貴重
⑥貴重
⑦対策
推定

■ まとめのドリル 17 33~34ページ

感想内容は、具体的に推敲する。
たくさん「今後も大切で、新種の大きな発見があること」は文章を引用し、個人の気持ちを伝えること。「今後も大切で」は、重要な発見や恐竜の発見があること、ドローンや新種の大きな発見があること、引用である「個人の」こと、引用した元としている。

6 考え方

4 考え方
(3)イ

6
(1)北西
(2)ア

5
(1)西・新聞
増やす・減らす
②余った・容器

〜ため。

(3) 例(青いもの)の先が、コンパスのように黒くとがっている様子。

(4) 例(青いものが魚を)つかまえて、上の方へ連れていってしまったということ。

(5) 例とつぜん起こった出来事におどろいて、おびえてしまったため。

(6) そのときです。

考え方

❹ (2) 後の「お口を輪のように円くして来た」ことからも分かります。

(4)「(青いものが魚を)食べてしまったこと。」などでも正解です。

(5)「居すくまる」とは、❷の③にもありますが、その場で動けなくなることです。

(6) 魚が行ったり来たりしているところに、とつぜん「青いもの」が現れて場面の様子が変わっています。

19 きほんのドリル　37〜38ページ

❶ ①じゃく　②すんぽう　③と　④こしょう

❷ ①独り・墓場　②枝

❸ ①救助・表現　②公私・天地　③海底・温泉　④帰国・決心　(それぞれ順序なし)

❹ ①ウ　②イ　③ア

❺ (1) 苦しい農作の望をもつ。

(2) 例みんなで力を合わせるためのやさしさを、人々に育ててもらうため。

(3) イ

考え方

❺ (1)「それ」=「先生としての賢治の理想」なので、「それ」の内容を答えます。直前の三文が答えです。

(2)「そのキャラを人々に育ててもらうため」を、分かりやすく言いかえて答えます。5行目「暴れる自然に……」以下の三文の内容をまとめていれば、もう少しくわしく書いても正解です。

20 まとめのドリル　39〜40ページ

❶ ウ

❷ 限界・質問・博識(順序なし)

❸ ①イ　②ア　③エ　④ア　⑤エ　⑥オ　⑦イ　⑧ウ

❹ ①各駅一停車　②海水浴一客

❺ (1) かわせみ(ではないと言っている。)

(2) 黒い丸い大

(3) 例三びきものがにじ、からだもの三つのかげ。

(4) ほか

(5) ウ

考え方

❺ (2)「黒い丸い大きなもの」とは「やまなし」のことです。やまなしは、ばらの仲間の高木で、ナシに似た実ですが、二〜三センチメートルぐらいの大きさですが、かにたちにとっては「大きなもの」に感じられたのです。

21 きほんのドリル　41〜42ページ

❶ ①かくせいてん　②はん　③きけん　④やくわり　⑤ひていてき　⑥くちょう　⑦しゅう　⑧きたい　⑨やしろ　⑩こっちゃ　⑪たまり　⑫ぎゅうにゅう　⑬そつぎょう　⑭そう　⑮だんじょ

❷ ①カ　②イ　③エ　④キ　⑤ウ　⑥ア　⑦ク　⑧オ(③と④は順序なし)

⑤

(3) 鬼だと空想して、蛙の様子を相手をだましている場面。

(2) イ

(1) 例 あまえて勝ち負けにこだわり、相手の意見にすぐに反論した。

④
① ア ② ウ ③ イ

③
① ア ② イ ③ イ ④ ウ

②
① ほみ ② ち ③ にもつ ④ すがた

①

きほんのドリル 23 45~46ページ

④ 考え方
柿を「人」のように動いているととらえたことから、「主人公が山休だが人間」とたずねた様子が次々とうかびます。

(4) ウ

(3) ア

(2) すがた・ひと・さびしら

(1) 例 柿が「人」のように言った。

④
① イ ② ウ ③ ア ④ オ ⑤ エ ア

③
① イ ② ア ③ ア ④ イ ⑤ ア

②
① 卵 ② 牛乳 ③ 演奏 ④ 誕生 ⑤ 困 ⑥ 看病

①

まとめのドリル 22 43~44ページ

④ 考え方
「話し言葉」と「書き言葉」のそれぞれの利点と欠点をおさえて、それを補うために必要であることをおさえましょう。

⑤
主役…ウ
相手役…ア・エ

④
① ウ ② イ ③ ア ④ エ

③
① ウ ② ア ③ は（と）④ と

（順序なし）

④
① オ ② ウ ③ イ ④ エ
⑤ カ ⑥ キ
⑦ ア ⑧ ケ ⑨ ク

きほんのドリル 24 47~48ページ

④ 考え方
(3)「大きい意味」とは、「元気いっぱい生活する」という意味です。

(3)②「躍動」は、「生き生き活動する」という意味であることから見つけよう。

⑤
相手の様子をよく見て、答えを正しく文章中から場面の中から描いたものです。(3)(絵で描いた場面で飛び上がった蛙が兎に絵を投げる漫画の絵。)

(5) 例 飛び上がった蛙が兎に絵を投げている。

(4)② イ

(2) 考え方
① すなおに②「も」「は」間を「いる」②おどろき驚いている様子

④
①「も」「は」は、「ア」についている様子

(2)父さんの発言には、おどろきと称賛（しょうさん）がこめられています。本を読むことをよく思っていなければ出てこない表現です。

(4)本文から、「ぼく」は字を読めないことが分かります。そうした「ぼく」たちのために、ラークは本の知識を教えようとしたのだと考えられます。

1 ①やく ②し
2 ①オ ②ウ ③ア ④エ ⑤カ ⑥イ
3 ①エ ②カ ③オ ④ア ⑤イ ⑥ウ
4 (1)ウ
(2)ア
(3)「ア」「カ」
(4)ア

考え方
4 (1)文章の最後に「前向きな気持ちになれる」とあります。
(2)「まちがいありません」と断定した表現から「まちがいないでしょう」と断定しない表現にすることで印象が弱くなります。

1 ①訳 ②忘 ③暖 ④作詞
2 ①イ ②イ ③ア
3 ①ア ②ウ
4 (1)宝物
(2)イ
(3)例 ラークにもっと読む本をあたえようか迷ったから。
(4)例 キャチコは、母さんにベイを作ってもらうため自分がつんできたものなのに、父さんが勝手に本と交換しようとしたから。

---

1 ア・エ・カ
2 ①エ ②エ ③ア
3 ①冷たい ②温かい ③従う ④明らか ⑤幸せ ⑥交わる ⑦全く ⑧断る
4 ①例 昨晩の報道番組で、国際情勢を解説していた。
②例 かんとくが役者に演技を指導する。
5 (1)イ
(2)例 蛙と兎は仲良しで、この相撲も和気あいあいとした遊びだから。
(3)一枚の絵だ
(4)この三匹の

考え方
3 ②は「スープ」のことを言っているので、「温かい」と書きます。気温などの場合には、「暖かい」と書きます。
5 (1)このような表現のしかたを「体言止め」または「名詞止め」といいます。
(2)すぐ後の文の内容からまとめます。
(4)「……すばらしい。」とある文です。

1 ①やく ②わす ③だん
2 ①ウ ②ア ③イ
3 ①イ ②イ ③ア ④ウ
4 (1)イ
(2)例 とてもよいことだと考えている。
(3)ニワトリの引っかいたあと。
(4)ア

考え方
4 (1)「ぼくは家族のために役立っている」とわざわざ主張しているのは、「妹は家族のために何もしていない」と思っているからです。

右段

ば、と分かります。
「海底」は「海の底」、「帰国」は「国に帰る」となります。「帰る」場合は上の漢字を訓読みすると、熟語の成り立ちが分かりやすいです。

★考え方 ③

⑥ ①けし・ふじ ②けい・ふし ③げ・もし

⑤ ①貯蔵 ②蒸発 ③就任 ④家賃

④ ①無 ②不 ③未 ④非

③ ①ウ ②イ ③エ ④ア

② ①指揮者 ②鑑賞 ③危険 ④対策 ⑤砂糖 ⑥若者 ⑦秘書 ⑧批評 ⑨資源 ⑩郵便局 ⑪伝道 ⑫死亡 ⑬米俵 ⑭奏 ⑮忘

① （読みがな）

中段

2.9 冬休みのホームテスト 57~58ページ

★考え方 ④

「本」は値段から「高い」と思ったのに、対して「安い」と気持ちになる。
（3）「道具」＝「家具」ということ。「家具」は「家に置く道具」のことで、「道具」は「使う道具」のこと。
（4）ラジオを買うお金を用意していたが、それを使ってしまった。

5
4
3 ①エ ②オ ③ウ ④ア ⑤エ
2
1 （1）ウ（2）ほへ（3）むね

左段

30. きほんのドリル 59~60ページ

5 ①エ ②ウ ③オ ④ア ⑤エ ⑥カ
4 ウ
3 イ
2 エ
1 （1）ウ（2）ほへ（3）おね

「蔵」、「就」の点を忘れないようにしましょう。

31. きほんのドリル 61~62ページ

★考え方 ⑤

人間にとって動物は、いっしょに暮らしていきたいと願うほど仲良くなれる存在。
例 人間と動物がたがいに助け合うような関係を築いていきたいという夢。

5 （1）ウ（2）エ（3）ア（4）イ（5）オ（6）イ
4 ウ
3 エ
2 ウ
1 （1）追われた兵士を……ましょう。

(2)・例 具体的に調べたり、計算したり
してみる
・例 ぼんやりと不安に思う
(3)例 自分のやるべきことがはっきりと
してくる。

考え方

5 (1)先輩の言う「考える」は、実際にい
ろいろと調べて実現可能か判断できる
情報を集めることです。
(3)箇条書きにすることを「そうすると」
と受けた最後の一文に「あなたが
るべきことがはっきりしてくる」と書
かれています。

32. きほんのドリル 63~64ページ

1 (1)ウ
(2)例 人の気持ちとは何か、人が考える
とは、何をどうすることなのかを深
く理解すること。
(3)イ
(4)例 どのようにプログラムすればいい
かを人間が分かっていないから。

2 (1)ボス二ン事務所
(2)イ
(3)・戦争のほりょや、まずしい者を救う国
際赤十字を創立したデュナン
・敵・味方を問わず、負傷した兵士
を看護したナイチンゲール
(順序なし)
(4)例 どうすることもできないように見
える世界の流れの中で、何かがおか
しいと感じ、どうすればよいかを考
えて行動した人々。

考え方

1 (1)直後に「ためには」と続いている
ことに注意しましょう。「人間みたい

に感じたり、考えたりするように、ロ
ボットをプログラムしなければなら
ない」とあります。つまり、人間みたい
に感じたり、考えたりするロボットが
人間らしいロボットということです。
(3)「ほど遠い」は、理想などから離れ
ていることを表します。ここでは気持
ちを理解するという人間の「考える」
を、ロボットができていないという
ことです。
(4)人間がプログラムできないので、ロ
ボットが実行できない、という点をお
さえましょう。

2 (4)一見どうすることもできなさそう
なときに、考えて、世界を変えた人々の
ことが書かれています。こう変えたい
という思いのほかに、どう行動するか
を考えることも大切なのです。

33. きほんのドリル 65~66ページ

1 ①てんのう ②こうごう ③くらい
④けんぽう ⑤せいとう ⑥ないかく
⑦かいかく ⑧しゅうきょう
⑨すいちょく ⑩ちそう ⑪じしゃく

2 ①コ ②オ ③カ ④ア ⑤ウ ⑥ク
⑦キ ⑧イ ⑨ケ

3 ①カ ②オ ③ウ ④キ ⑤ア ⑥イ
⑦エ

4 ①ア ②イ ③ア

5 ①小雨 ②にわか雨 ③どしゃ降り

考え方

5 日本語には雨に関する言葉が多くあり
ます。「にわか」は「急に起こる様子」
を表します。

（右側）

（3）小島さんの言葉ですが、右の文に──線が引いてあります。私の印象は正解です。

4 「考え方」

（4）ウ
（3）みなさんは……ますか。
（2）イ

4 ①ア ②ウ ③ア
3 ①準備 ②構成 ③興味
2 キ・カ・ウ・イ
1 ①けん ②こう

---

35. きほんドリル 69〜70ページ

「考え方」
「だ・である」で、心の中で自分自身に言い聞かせるような言葉だととらえることができます。

（2）
「心臓の音は体操選手の……」と切り出していますが、周りの音が聞こえないくらい、自分の体に集中していることがわかります。……という言葉は、私が読んでいてどきどきしてしまうくらいの臨場感ある例だととらえられるかどうかが問われています。

5 ウ
4 ①カ ②ウ ③オ ④ア ⑤イ ⑥エ（③④は順序なし）⑦ウ ⑧エ（⑤〜⑧は順序なし）
3 ①イ ②オ ③カ ④イ ⑤ア ⑥エ（②③は順序なし）　オ・エ・ウ（順序なし）
2 ①ほ ②がり ③たずね ④すこやか
1 ①たがい ②たで ③すた ④けいこ ⑤ほ

---

34. きほんドリル 67〜68ページ

（左側）

3 ⑥ウ ⑤イ ④エ ③ウ ②ア ①オ
2 ①ア ②ウ ③すり ④はり
1 ①ばん ②はい ③ちゅう

---

37. きほんドリル 73〜74ページ

たちどうとすることに、筆者の「ナイーブ」な行動する人と「ソリッド」な行動する人の両方を重視していると考えられるとしています。

「考え方」
（2）
世界で黒人上位という疑問を、調査した文章をもとに計算するという特徴的な

5 「考え方」
（1）そ
（2）イ

5 ①英語 化石 ②地層 ③段落 宗教 政治 ④権利 義務 円柱 体積 ⑤
4 ①カ ②イ ③ウ ④オ ⑤エ
3 ①厚着 着物 作物 値段 ②眼科 医師 衛生 性格 個性 評判 ③版画 科 接客
2 ①小麦粉 ②衛生 ③眼科 医師 ④小麦粉
1

---

36. まとめドリル 71〜72ページ

に強く残すという言葉である。
に強調しているという言葉である。

④ ①ウ ②イ ③ア

⑤ (1)季節や時間
(2)潮の流れが
(3)イ
(4)光る緑色の目をしたクエ
(5)例瀬の主[クエ]が、何人がかりで引こうと全く動かなかったから。

考え方

③ (5)「さとる」は「はっきりと分かる」という意味です。

⑤ (3)前後の「じまんすることもなく」や「不漁の日が……変わらなかった」から、自分たちは海に生かされている存在にすぎないという、文のけんきょな気持ちが読み取れます。

38. きほんのドリル　75～76ページ

① ①在校生・講堂　②経験・紀行文
③修学旅行・新幹線　④効率・製造
⑤基本・統一　⑥大志

② ①例古い校舎の前に桜の花びらがまう様子はとても美しい。
②例友情が永久であることを心から願う。
③例昨日の出来事を、責任を持って報告する。
④例団結できたおかげで、強敵を相手に圧勝できた。

③ (1)例太一の父が死んだ瀬に、毎日一本づりに行っている漁師。
(2)片づけた
(3)イ
(4)ア

考え方

③ (3)直前にあるように「五十センチもある」大きなタイなので、暴れてたてた音が船全体を共鳴させるほどになる

のです。

39. まとめのドリル　77～78ページ

① ①潮　②針　③穴

② ①イ　②イ　③ア

③ ①例会社に所属せずに、得意なことを仕事にしていく。
②例本の内容や構成から考えて、紙面を編集する。
③例恩師から受けた授業はきっといつまでも心に残るだろう。

④ (1)クエ[まぼろしの魚・大魚・瀬の主]
(2)興奮してい
(3)例太一は鼻づらに向かってもりを突き出しているが、クエは動こうとはしないまま。
(4)例太一がもう一度もぐってきても、瀬の主が全く動くことはせずに(おだやかな目で)太一を見ていたから。
(5)例瀬の主を父だと思うことにしたから。
(6)水の中で太

考え方

④ (2)「興奮」と「冷静」という反対の意味の言葉が、太一の複雑な気持ちを表しています。
(5)直前に「こう思うことによって」とあるので、その前から読み取ります。

40. きほんのドリル　79～80ページ

① ①例話題を決め、材料を集める。
②例文章構成や要旨をとらえる。

② (1)第二連…ウ
　第三連…ア
(2)ミニスカート・プラネタリウム・シュートラウス・ピカソ・アルプス(順序なし)

⑳すう
㉑じ
⑱とか
⑰じ
㉒よきん
⑲すん
⑯しょう
⑪けい
⑭けん
⑮たわ
⑫よう
⑬へ
⑧しん
⑨す
⑩へい
⑦こい
⑥はん
⑤こ
④くら
③し
②はん
⑴なら

41. 学年末のホームテスト 81〜82ページ

⑶ (1)人 (2)エ
(3)人は……行。（第五連）
イ

⑷
考え方
④図

⑴ウ

2
考え方
(1)説得力の保持……資料を用いて説得力のある表現を工夫する。（2）正解とする。「……」など (3)論の進め方について、「結び」の目的に応じて要約を……文章の構成を考える。

3
⑴イ ⑵エ ⑶人

考え方
⑴部首・部首名…漢字 ⑵部首・部首名…漢字 ⑶部首・部首名…漢字

背・腸・脈・胃・肥・胸・臓・脳・腹

2
①所蔵 ②字幕 ③激 ④疑問 ⑤券売 ⑥推理 ⑦垂 ⑧延長 ⑨強敵 ⑩否定的 ⑪貴重 ⑫延長 ⑬看病 ⑭誕生的 ⑮興奮 ㉓に ㉔へ ㉕から

4
①制・則・列…判 ②割・副・刷…刊 ③劇・刻・別…利

5
①母が…に ②ほへ ③空は…など・から

考え方
①「、」の順序なし ②精米・安静・物事「個」など ③他の漢字は、「精」「米」「安静」「物事」「個」「人事」など使います。

6
①ウ ②ア ③イ

7
①イ ②ア ③イ

(1)造船・会社…退院 (2)誤復・絵画…最新 (3)国字・再進…開開 (4)出・順序なし…表現